politiques locales

Les collectivités locales sont devenues des acteurs essentiels dans la société contemporaine. Leur activité s'étend aujourd'hui à de multiples secteurs de la vie collective et dans des domaines aussi divers que l'aménagement du territoire, la lutte contre l'exclusion, l'enseignement, les transports, la culture, etc.

Aussi apparaît-il indispensable de renforcer la connaissance de chacun sur les institutions locales et leurs différents champs d'activité.

Tel est l'objectif poursuivi par la collection Politiques locales qui entend donner sur tous ces sujets une information claire et concise.

La gestion de fait des deniers publics locaux

Jacques Magnet
président de chambre à la Cour des comptes

La gestion de fait des deniers publics locaux

DEXIA
Crédit Local de France
L.G.D.J

Dans la même collection

Adans B., Boyer B., Laurent Ph. : *La comptabilité communale,* 1998.
Bernard-Gélabert M.-Ch. : *L'intercommunalité,* 2e éd., 1999.
Bernot J. : *La répartition des compétences,* 1996.
Blanc J. : *La dotation globale de fonctionnement,* 1999.
Blanc J., Moraud J.-Ch., Virieux J.-M. : *La taxe professionnelle,* 2e éd., 2000.
Brunelli P. : *Le contrôle de légalité*, 1998.
Casteigts M. : *L'aménagement de l'espace,* 1999.
Falzon M. : *Les interventions économiques des collectivités locales,* 1996.
Flamand E., Laurent Ph. : *L'euro et les collectivités locales*, 1999.
Gosselin B. : *Les marchés publics,* 1998.
Hoorens D., Peretti M.-P. : *Les collectivités locales et l'emprunt,* 1996.
Huron D., Spindler J. : *Le management public local,* 1998.
Lachaume J.-F. : *La commune,* 1997.
Magnet J. : *La gestion de fait des deniers publics locaux,* 2000.
Piolé G. : *Les chambres régionales des comptes,* 1999.

31, rue Falguière, 75741 Paris Cedex 15
ISBN : 2-275-01880-8

SOMMAIRE

AVERTISSEMENT

La gestion de fait des deniers publics est le maniement de ces deniers par des manutenteurs qui ne sont pas comptables publics ou n'agissent pas sous le contrôle et pour le compte de comptables publics.

Cette usurpation de fonctions, exceptionnelle dans l'exécution des opérations financières de l'État, est plus fréquente dans la gestion des collectivités locales, notamment dans celle des communes, où se présentent la plupart des cas de gestion de fait recensés en jurisprudence, non parce que les maires ou les autres élus locaux seraient enclins aux irrégularités, mais parce que, n'étant pas administrateurs de profession, ils connaissent moins bien que ceux-ci les règles qu'ils doivent observer et faire observer.

Le développement qui suit vise à prémunir les élus et agents locaux contre cette usurpation et partant, à leur éviter les risques que comporte une telle situation.

Tous les exemples qui appuient l'exposé sont tirés de la jurisprudence de la Cour des comptes, dont il a semblé inutile, s'agissant d'un ouvrage qui n'est pas destiné à des spécialistes de la comptabilité publique, de fournir les références, qu'on trouvera dans un ouvrage qui traite de l'ensemble des gestions de fait de deniers publics, quels que soient les organismes publics intéressés[1]. On s'est limité à reproduire ici quelques arrêts significatifs.

(1) J. MAGNET, *Les gestions de fait*, L.G.D.J., 1998.

NOTIONS GÉNÉRALES

1

La gestion de fait ne s'explique que par référence aux principes de la comptabilité publique française, qu'il est donc nécessaire de rappeler avant d'entreprendre l'étude[2].

I. PRINCIPES DE COMPTABILITÉ PUBLIQUE

La comptabilité publique a pour fondement des principes constitutionnels dont ses règles tracent les modalités d'application.

A. L'autorisation préalable des recettes et des dépenses publiques

La Déclaration des droits du 26 août 1789 édicte en son article 14 que « tous les citoyens ont le droit de constater, par eux-mêmes ou par leurs représentants, la nécessité de la contribution publique, de la consentir librement, d'en suivre l'emploi ». Ce consentement est exprimé par la loi de finances annuelle (ord. du 2 janvier 1959, art. 4, premier alinéa). L'éva-

(2) J. MAGNET, *Éléments de comptabilité publique,* L.G.D.J., 4e éd., 1998.

luation de cette contribution et des autres recettes publiques et leur emploi en dépenses fait la matière du budget, qui est, aux termes du décret du 29 décembre 1962 portant règlement général sur la comptabilité publique (art. 4, premier alinéa), « l'acte par lequel sont prévues et autorisées les recettes et les dépenses des organismes publics ». Le budget de l'État est inclus dans la loi de finances annuelle votée par le Parlement ; les budgets des collectivités locales sont votés par les conseils régionaux, les conseils généraux ou les conseils municipaux ; ceux des établissements publics nationaux ou locaux sont votés par les conseils délibérants de ces établissements.

Ainsi, le budget des organismes publics n'est pas seulement un acte de prévision, comme ceux que font les entreprises industrielles et commerciales ou même les simples particuliers. Il est aussi et même surtout un acte d'autorisation, par lequel le Parlement ou les conseils délibérants des organismes publics secondaires habilitent les ministres ou les dirigeants de ces organismes à effectuer leurs recettes et leurs dépenses dans les limites d'objet, de montant et de durée qu'il détermine.

B. La séparation des ordonnateurs et des comptables

L'exécution des opérations financières de l'État et des autres organismes publics nécessite la collaboration de deux ordres d'agents distincts et séparés : les ordonnateurs et les comptables.

Ce principe traditionnel, qui remonte en droit moderne à l'ordonnance du 14 septembre 1822, a été depuis lors repris par tous les règlements généraux successifs sur la comptabilité publique : ordonnance du 31 mai 1838, décret du 31 mai 1862, enfin décret du 29 décembre 1962, présentement en vigueur.

Cette dualité d'agents n'est pas propre à la comptabilité publique : toutes les entreprises qui ne sont pas unipersonnelles la connaissent, les plus petites sous la forme élémentaire de la séparation entre les vendeuses et la caissière, les plus grandes sous la forme élaborée de la séparation entre les services techniques et le service financier. Ce qui est propre à la comptabilité publique, c'est que cette distinction de fonctions y est complétée par l'exercice d'un contrôle, qui nécessite l'incompatibilité entre les deux ordres.

1° La distinction des fonctions des ordonnateurs et des comptables

La distinction des fonctions des ordonnateurs et des comptables, faite par l'ordonnance du 14 septembre 1822 pour l'exécution des dépenses publiques, a été généralisée par le décret du 31 mai 1862 (art. 14) dans les termes suivants :

> Les administrateurs et les ordonnateurs sont chargés de l'établissement et de la mise en recouvrement des droits et produits, ainsi que de la liquidation et de l'ordonnancement des dépenses.
>
> Des comptables responsables sont préposés à la réalisation des recouvrements et des paiements.

La même distinction est à présent reprise et développée par le décret du 29 décembre 1962.

a. Fonctions des ordonnateurs

Les ordonnateurs sont essentiellement les chefs des différents services et organismes publics : pour l'État, les ministres ou les fonctionnaires auxquels ils ont délégué leur signature ou leurs crédits ; pour les collectivités locales, les présidents des conseils régionaux ou des conseils généraux ou les maires ; pour les établissements publics nationaux ou locaux, leurs directeurs. Leurs attributions financières viennent en complément de leurs attributions administratives.

Leurs fonctions, définies par l'article 5 du décret du 29 décembre 1962, sont les suivantes :
– en recettes, ils constatent les créances des organismes publics, en arrêtent le montant et en ordonnent le recouvrement ;
– en dépenses, ils créent ou constatent les dettes des organismes publics, en arrêtent le montant et en ordonnent le paiement.

L'action des ordonnateurs aboutit à l'émission d'ordres de recettes ou de dépenses, qui sont adressés aux comptables.

b. Fonctions des comptables

Toute gestion financière, celle de l'État et des autres organismes publics comme celle des entreprises industrielles et commerciales, implique la tenue d'une comptabilité, qui elle-même implique l'existence de comptables, lesquels, au sens originaire, sont ceux qui sont tenus de rendre des comptes.

Cette fonction d'origine n'est pas la seule : les comptables, qu'ils soient publics ou privés, sont habituellement chargés de participer à l'exécution des opérations financières qui seront traduites dans les comptes.

Les fonctions des comptables publics, définies par l'article 11 du décret du 29 décembre 1962, sont les suivantes [3] :
– ils prennent en charge les ordres de recettes émis par les ordonnateurs et les recouvrent ou perçoivent immédiatement les recettes des organismes publics qui résultent des titres dont ils sont dépositaires ou qui leur sont versées spontanément par les débiteurs ;
– ils paient les dépenses des organismes publics, soit en vertu des ordres émis par les ordonnateurs, soit au vu des titres présentés par les créanciers, soit même d'office ;
– ils exécutent les opérations de trésorerie, c'est-à-dire les mouvements de fonds et les transformations de valeurs qui ne constituent ni des recettes, ni des dépenses ;
– ils assurent la conservation des fonds et valeurs dont les organismes publics sont propriétaires ou dépositaires ;
– ils tiennent la comptabilité qui décrit ces opérations ;
– ils assurent, après exécution, la conservation des pièces justificatives de ces opérations.

2° Le contrôle des comptables sur les actes des ordonnateurs

Les comptables publics ne sont pas les subordonnés des ordonnateurs. Ils n'exécutent leurs ordres qu'après en avoir vérifié la régularité. Ils se distinguent par là des comptables des entreprises industrielles et commerciales, simples caissiers et teneurs de livres.

En effet, l'État et les autres organismes publics sont astreints, pour l'exécution de leurs opérations financières, à l'observation de règles juridiques qui constituent le corps prin-

(3) J. MAGNET, *Les comptables publics*, L.G.D.J., 1995.

cipal de la comptabilité publique, les règles techniques de tenue des écritures et d'établissement des comptes n'y occupant qu'une place secondaire. Notamment, comme on l'a vu (ci-avant, A.), le budget de ces organismes n'est pas seulement un état de prévision, présentant des objectifs possibles ou probables ; il est aussi et surtout un acte d'autorisation, dont le respect conditionne la régularité des recettes et des dépenses publiques. Les contrôles que les comptables publics sont chargés d'exercer consistent essentiellement à vérifier le respect de ces règles, dans les limites posées par les articles 12 et 13 du décret du 29 décembre 1962, et notamment la conformité au budget voté des opérations prescrites par les ordonnateurs.

– En recettes, les comptables doivent vérifier l'autorisation de percevoir les recettes et la régularité des réductions et des annulations d'ordres de recettes.

– En dépenses, les comptables doivent vérifier l'habilitation des ordonnateurs, l'imputation des dépenses, la disponibilité des crédits, l'intervention des contrôles antérieurs, la justification de l'existence des dettes, l'exactitude des calculs de liquidation, l'opposition de la prescription, si elle est encourue, et la validité du paiement.

Ces contrôles sont sanctionnés par le refus d'exécution des ordres irréguliers des ordonnateurs, sauf la faculté pour ceux-ci de requérir par écrit, sous leur responsabilité, le paiement des dépenses rejetées par les comptables.

3° L'INCOMPATIBILITÉ DES FONCTIONS DES ORDONNATEURS ET DES COMPTABLES

La distinction des fonctions des ordonnateurs et des comptables et le contrôle des actes des premiers par les seconds seraient illusoires si ces fonctions pouvaient être cumulées par les mêmes agents. L'incompatibilité entre les unes et les autres a donc été édictée par l'ordonnance du 14 septembre 1822 (art. 17), successivement reprise par tous les règlements généraux sur la comptabilité publique jusqu'au décret du 29 décembre 1962 (art. 20).

Cette règle est susceptible d'aménagements : les comptables peuvent être chargés de fonctions incombant ordinairement aux ordonnateurs et des agents administratifs relevant des ordonnateurs peuvent être chargés de fonctions incombant ordinairement aux comptables ; mais il ne peut jamais y avoir cumul des deux qualités par les mêmes agents pour les mêmes opérations.

L'incompatibilité des fonctions est généralement renforcée par la séparation des services. Les ordonnateurs de l'État sont les ministres ou leurs délégués ; ses comptables sont presque tous sous l'autorité du ministre des finances. Les ordonnateurs des collectivités locales sont des élus ; leurs comptables sont des fonctionnaires de l'État. Toutefois, les directeurs des établissements publics, ordonnateurs, peuvent être aussi les supérieurs des comptables, ce qui met alors ces derniers en situation difficile.

C. La reddition des comptes d'exécution des opérations financières

La Déclaration des droits du 26 août 1789 édicte en son article 15 que « la société a le droit de demander compte à tout agent public de son administration ».

Ce principe constitutionnel est mis en effet par des voies différentes suivant qu'il s'applique aux ordonnateurs ou aux comptables.

Les ordonnateurs rendent compte de leur administration aux corps délibérants qui leur ont, par le vote du budget, ouvert les autorisations de recettes et de dépenses : le ministre des finances présente au Parlement le compte général de l'administration des finances, auquel sont annexés les états de développement des dépenses par ministère ; les présidents des conseils régionaux ou des conseils généraux ou les maires présentent aux conseils délibérants des collectivités locales des comptes administratifs ; les directeurs des établissements publics nationaux et locaux présentent aux conseils d'administration de ces établissements soit des comptes financiers communs à eux et aux comptables, soit des comptes administratifs distincts.

Les comptables, dont la responsabilité n'est pas politique ou administrative, mais pécuniaire (v. ci-après, D.), rendent compte de leur gestion non aux conseils délibérants, mais au juge des comptes, chargé de statuer, au vu de ces comptes, sur cette responsabilité. Mais les opérations prescrites par les ordonnateurs étant celles mêmes qu'ont exécutées les comptables, les comptes rendus par ceux-ci sont aussi un instrument de vérification des comptes rendus par ceux-là : le compte général de l'administration des finances est le résultat de la centralisation des comptes des comptables de l'État, dont l'exactitude est certifiée par la Cour des comptes avant qu'il soit présenté au Parlement ; les comptes de gestion des comptables des collectivités locales sont communiqués aux conseils délibérants de ces collectivités, qui peuvent les comparer aux comptes administratifs qui leur ont été rendus par les ordonnateurs ; les comptes financiers des établissements publics sont communs aux ordonnateurs et aux comptables.

D. La responsabilité des agents d'exécution des opérations financières

En droit administratif, la sanction des irrégularités est double : d'une part l'annulation des actes irréguliers, d'autre part la réparation du préjudice qu'ils ont causé. En comptabilité publique, il n'est pas possible d'annuler les actes irréguliers, au moins lorsqu'ils ont bénéficié à des parties étrangères à l'administration, qui ne doivent pas supporter les conséquences d'irrégularités qu'elles n'ont pu empêcher ni souvent même connaître. L'efficacité des règles de la comptabilité publique est assurée d'autre façon, par la responsabilité personnelle des agents d'exécution, ordonnateurs et comptables, envers les organismes publics.

1° La responsabilité des ordonnateurs

La responsabilité des ordonnateurs, rappelée par le décret du 29 décembre 1962 (art. 9), est en général celle qui s'attache à leurs fonctions principales : les ministres et les élus locaux encourent une responsabilité politique, les premiers devant l'Assemblée nationale, les seconds devant les électeurs ; les autres ordonnateurs, s'ils sont fonctionnaires, encourent la responsabilité disciplinaire édictée par le statut général de la fonction publique (loi du 13 juillet 1983, art. 29) ; les ordonnateurs coupables d'infractions qualifiées crimes ou délits encourent une responsabilité pénale ; enfin, dans l'état présent de la jurisprudence administrative, les ordonnateurs dont les fautes ont causé des dommages aux organismes publics peuvent être tenus de les réparer.

En outre, les ordonnateurs autres que les ministres et les élus locaux encourent une responsabilité disciplinaire spéciale à la comptabilité publique, sanctionnée par des amendes infligées par la Cour de discipline budgétaire et financière.

2° La responsabilité des comptables

Les fonctions des comptables ne comportent pas en général d'initiative : elles sont toutes de contrôle, d'exécution, de description et de conservation. Or les procédures de contrôle et d'exécution et les formes de description des opérations sont exactement tracées par les règlements qui constituent l'essentiel de la comptabilité publique (v. ci-avant, B., 2°) ; la conservation des fonds et valeurs et celle des pièces justificatives sont des tâches purement matérielles. Toutes les négligences des comptables peuvent donc se ramener à l'inobservation des règlements ou à la non-représentation des fonds, valeurs ou pièces, qui peuvent être aisément et objectivement constatées. Les dommages causés peuvent être exactement évalués au montant des opérations omises, irrégulièrement exécutées ou non justifiées ou des fonds ou valeurs manquants en caisse ou en portefeuille. Partant, à la responsabilité pénale commune à tous les individus et à la responsabilité disciplinaire commune à tous les fonctionnaires peut s'ajouter une responsabilité pécuniaire spéciale aux comptables, qui sanctionne les fautes qu'ils ont commises et les oblige à réparer les dommages qu'elles ont causés.

Le principe de la responsabilité pécuniaire personnelle des comptables est aussi ancien que la distinction de leurs fonctions. Le régime de cette responsabilité est à présent défini par la loi de finances du 23 février 1963 (art. 60).

En vertu de cette loi, les comptables sont responsables de toutes les fonctions, tant de contrôle que d'exécution des opérations financières, qui leur sont attribuées par le règlement général sur la comptabilité publique (v. ci-avant, B.). Ils répondent donc tant des irrégularités commises par les ordonnateurs qu'ils n'ont pas empêché de produire effets que des irrégularités qu'ils ont eux-mêmes commises, ce qui les incite à veiller strictement à la correction juridique des opérations financières.

La responsabilité pécuniaire personnelle des comptables est sanctionnée par le ministre dont ils relèvent, le ministre des finances ou le juge des comptes (loi du 23 février 1963, art. 60-V), lequel, après examen des comptes qu'ils lui ont rendus (v. ci-avant, C.), les décharge de leur gestion, si elle a été régulière, ou au contraire les constitue débiteurs des recettes non recouvrées, des dépenses irrégulièrement payées ou des déficits de caisse ou de portefeuille (loi du 23 février 1963, art. 60-IV et 60-VI).

Afin d'assurer l'effectivité de la responsabilité des comptables, ceux-ci sont astreints à constituer des sûretés avant d'entrer en fonctions (loi du 23 février 1963, art. 60-II ; décret du 29 déc. 1962, art. 17, premier alinéa), sous forme d'un cautionnement réel ou personnel. En outre, leurs biens meubles sont grevés du privilège du Trésor et leur biens immeubles de l'hypothèque légale du Trésor ou des autres organismes publics.

II. LA GESTION DE FAIT

On vient de voir que les opérations financières des organismes publics ne peuvent être exécutées par les ordonnateurs qu'en vertu et dans la limite des autorisations budgétaires, de l'emploi desquelles ils doivent rendre compte au Parlement ou aux conseils délibérants des collectivités locales ou des établissements publics nationaux ou locaux. Le respect de ces principes est assuré par le contrôle des comptables, qui est d'autant plus strict que ceux-ci en sont pécuniairement responsables devant le juge des comptes. Les ordonnateurs sont donc tentés, au motif ou au prétexte de rapidité et d'efficacité, de faire ces opérations de leur seule autorité, en cumulant leurs fonctions avec celles des comptables, de façon à se soustraire au contrôle de ces derniers et ainsi, au respect des autorisations budgétaires et à l'obligation de rendre compte d'opérations qui, ne pouvant être comparées à celles qui sont décrites dans les comptes des comptables, peuvent être facilement dissimulées. Afin d'y obvier, la loi déclare les ordonnateurs et plus généralement tous ceux qui ont usurpé les fonctions des comptables de droit *comptables de fait* et les soumet aux mêmes obligations et à la même responsabilité que ceux auxquels ils se sont irrégulièrement substitués ; si leurs agissements irréguliers se sont aggravés de simulations ou de dissimulations, ils sont comptables *occultes*[4].

Dans l'ancien droit, la séparation des ordonnateurs et des comptables, établie par l'ordonnance du Vivier-en-Brie de janvier 1319-1320 et renforcée par l'édit de Saint-Germain-en-Laye d'août 1669, qui faisait défenses à toutes personnes de s'immiscer sans autorisation dans le maniement des deniers royaux, était déjà sanctionnée par l'assujettissement des manutenteurs non autorisés aux obligations et à la responsabilité des comptables de droit.

Dans le droit nouveau, cette tradition fut reprise par voie jurisprudentielle. Le Conseil d'État, puis la Cour des comptes, se fondant sur les dispositions légales ou réglementaires qui soumettaient à la juridiction de celle-ci ou des conseils de préfecture, alors juges des comptes du premier degré, tous les comptables des deniers publics, sans distinction entre les comptables de droit et les comptables de fait, en étendirent l'application aux maires qui s'étaient ingérés dans le maniement des deniers communaux.

Cette jurisprudence fut confirmée par la loi municipale du 18 juillet 1837, dont l'article 64 disposait :

> Toute personne autre que le receveur municipal qui, sans autorisation légale, se serait ingérée dans le maniement des deniers de la commune, sera, par ce seul fait, constituée comptable…

Cette disposition fut ultérieurement généralisée par le décret du 31 mai 1862 portant règlement général sur la comptabilité publique (art. 25).

---

(4) Les comptables de droit s'opposent aux comptables de fait ; les comptables patents s'opposent aux comptables occultes. Mais si une gestion de droit est toujours patente, une gestion de fait peut l'être aussi, lorsqu'elle n'est pas aggravée de simulations ou de dissimulations qui en font une gestion occulte.

La loi communale du 5 avril 1884 (art. 155) reprit la disposition législative antérieure, qui fut reproduite en comptabilité départementale par le décret du 12 juillet 1893 (art. 21).

Le décret du 31 mai 1862 a été abrogé et remplacé par le décret du 29 décembre 1962, mais l'article qui traitait de la gestion de fait, matière à présent législative, est remplacé par l'article 60-XI de la loi du 23 février 1963, modifié par l'article 22 de la loi du 10 juillet 1982, qui dispose :

> Toute personne qui, sans avoir la qualité de comptable public ou sans agir sous le contrôle ou pour le compte d'un comptable public, s'ingère dans le recouvrement de recettes affectées ou destinées à un organisme public doté d'un poste comptable ou dépendant d'un tel poste, doit, nonobstant les poursuites qui pourraient être engagées devant les juridictions répressives, rendre compte au juge financier de l'emploi des fonds ou valeurs qu'elle a irrégulièrement détenus ou maniés.
>
> Il en est de même pour toute personne qui reçoit ou manie, directement ou indirectement, des fonds ou valeurs extraits irrégulièrement de la caisse d'un organisme public et pour toute personne qui, sans avoir la qualité de comptable public, procède à des opérations portant sur des fonds ou valeurs n'appartenant pas aux organismes publics, mais que les comptables publics sont exclusivement chargés d'exécuter en vertu de la réglementation en vigueur.
>
> Les gestions de fait sont soumises aux mêmes juridictions et entraînent les mêmes obligations et responsabilités que les gestions régulières.

Cette disposition générale avait laissé subsister la disposition spéciale à la comptabilité communale, mais celle-ci, qui avait été incorporée au Code de l'administration communale, puis au Code des communes, a été abrogée avec ce code lui-même par la loi du 21 février 1996, qui a institué le Code général des collectivités territoriales, lequel ne contient pas de disposition propre à la gestion de fait des deniers locaux. C'est donc uniquement par référence à la loi du 23 février 1963 qu'il va en être traité.

Le premier arrêt déclaratif de gestion de fait

Cour des comptes, 23 août 1834, commune de Roubaix (Nord)

(*Mémorial des percepteurs*, 1835, p. 317)

La Cour,

Vu les réclamations des conseillers municipaux de la commune de Roubaix, département du Nord, sous la date des 23 mars et 23 mai 1834 ;

Vu les comptes d'exercice de la commune de Roubaix pour les années 1807 et 1808, dans lesquels sont portées des recettes et des dépenses pour le bureau du scel des étoffes de la manufacture du pays, ensemble les comptes de gestion des années 1828 et suivantes, où il est fait recette des arrérages d'un bail des droits de mesurage des étoffes, en cours d'exécution depuis le 1er octobre 1828 ;

Vu les lettres du ministre des finances des 17 septembre 1816 et 3 février 1824, celle du sous-secrétaire d'État au ministère de l'intérieur du 19 novembre 1817 et celle du ministre de l'intérieur du 17 juin 1830 ;

Vu l'arrêté du préfet du Nord du 26 juillet 1828, le procès-verbal d'adjudication du 13 septembre suivant, la correspondance et les autres documents de la cause ;

Attendu

1° Qu'il est constant que du 1er janvier 1810 au 1er octobre 1828, les recettes et dépenses des droits d'estampillage, scel et aunage des étoffes n'ont pas figuré dans les comptes de la commune de Roubaix, du jugement desquels la Cour est saisie depuis le 1er janvier 1810 ;

2° Que néanmoins, par ses arrêts des 10 juillet 1817, 27 août 1823, 7 juin 1824, 17 octobre 1827, 27 juin 1828, 29 décembre 1829 et 18 janvier 1831, elle a reconnu les droits susmentionnés pour être d'anciens produits communaux indûment éliminés des budgets de la ville à partir de l'année 1809 ;

3° Que, bien qu'il n'y ait pas de certitude légale sur la question de savoir quels ont été les agens immédiats de la perception de ces droits pendant les dix-huit ans neuf mois écoulés du 1er janvier 1810 au 1er octobre 1828, toutefois il résulte des pièces à l'appui des comptes antérieurs à 1830, et notamment de plusieurs imprimés et placards sous diverses dates, que les maires de Roubaix et le conseil de prud'hommes auraient conjointement administré et régi les droits d'estampillage, de scel et d'aunage, sans l'intervention des receveurs municipaux, depuis l'année 1810 inclusivement jusqu'au 1er octobre 1828, et que les produits de ces droits auraient été appliqués sans contrôle soit à l'exécution de travaux d'utilité publique, soit au paiement de diverses dépenses dont le caractère est essentiellement communal ;

Vu l'ordonnance du président de la chambre en date du 6 août 1834 portant qu'il en sera communiqué au procureur général du Roi sur sa demande ;

Vu les conclusions du ministère public en date du 20 août 1834 ;

Ouï en leurs rapports et observations MM. Bagot, conseiller référendaire, et Buffault, conseiller maître des comptes ;

Considérant que la loi du 16 septembre 1807, article 11, 2, la charge en termes absolus du jugement des comptes des fonds et revenus des communes ;

Vu l'arrêté du Gouvernement du 4 thermidor an X, article 9, l'ordonnance royale du 23 avril 1823, article 14, l'instruction réglementaire du ministre de l'intérieur du 30 septembre 1824, page 43, et les articles 1372 et 1993 du Code civil ;

ORDONNE qu'à la diligence du procureur général du Roi, ceux qui se sont immiscés sans titre dans la perception et la manutention des deniers provenant des droits d'estampillage, de scel et d'aunage des étoffes de la fabrique de Roubaix, leurs héritiers ou ayants cause seront appelés à compter devant elle et lui présenteront, sous leur responsabilité personnelle, le compte des recettes et dépenses effectuées soit par eux, soit par leurs auteurs, du 1er janvier 1810 au 1er octobre 1828, à l'effet de quoi il sera écrit au ministre de l'intérieur pour l'inviter à faire connaître les agens de cette perception irrégulière, pour être ultérieurement statué comme il appartiendra.

Quatre expéditions du présent arrêt seront remises au procureur général du Roi, afin d'être par lui adressées aux ministres de l'intérieur et des finances, au préfet du département du Nord et au maire de la commune de Roubaix.

Fait et jugé en la Cour des comptes, deuxième chambre, présens MM. d'Audiffret, président, Buffault, Malouet et Laplagne, conseillers maîtres des comptes, et Bagot, conseiller référendaire, rapporteur,

le vingt-trois août mil huit cent trente-quatre.

ÉLÉMENTS CONSTITUTIFS

2

Trois conditions sont nécessaires à l'existence d'une gestion de fait : il faut qu'il y ait maniement ; il faut que ce maniement porte sur des deniers publics ou des deniers privés réglementés ; il faut enfin que le manutenteur soit dépourvu d'habilitation à ce maniement.

I. LE MANIEMENT

Le décret du 31 mai 1862 (art. 25) déclarait comptables de fait tous ceux qui se seraient immiscés sans autorisation dans le maniement des deniers publics. La loi du 23 février 1963 (art. 60-XI) déclare à présent comptables de fait tous ceux qui, sans être comptables publics ou agir sous le contrôle et pour le compte de comptables publics, se seraient immiscés dans les opérations réservées aux comptables publics.

Les actes constitutifs de maniement des deniers publics avaient été, sous l'empire du décret du 31 mai 1862, précisés par la jurisprudence. Les mêmes actes sont à présent énumérés par le décret du 29 décembre 1962 (art. 12) comme fonctions réservées aux comptables publics.

Ainsi, seule la forme de la définition a changé ; sa substance demeure.

A. Faits générateurs

Le maniement constitutif de gestion de fait peut avoir deux origines, que distingue bien la loi du 23 février 1963 (art. 60-XI) : l'ingérence dans la perception de recettes publiques (premier alinéa) : c'est la gestion de fait « en amont » des caisses publiques, ou l'extraction irrégulière de fonds ou autres valeurs publiques (deuxième alinéa) : c'est la gestion de fait « en aval » des caisses publiques.

1° Ingérence dans la perception des recettes publiques

L'ingérence dans la perception de recettes publiques, qui les empêche de parvenir aux comptables publics, leurs seuls destinataires réguliers, est constitutive de gestion de fait quelles que soient ces recettes :
– impôts, droits et taxes : les contribuables et redevables sachant, par expérience annuelle, trimestrielle ou mensuelle, que les impôts directs et les taxes sur le chiffre d'affaires sont payables aux percepteurs et aux receveurs des impôts, cette ingérence porte surtout et presque exclusivement sur les prélèvements obligatoires qui sont affectés aux collectivités locales : droits d'enregistrement ou de timbre, octroi, taxe sur les spectacles, taxe de séjour, ou sur les versements libératoires d'impôts, droits et taxes ;
– amendes de police municipale ou rurale ;
– produits financiers : intérêts de fonds déposés, arrérages de rentes ;
– produits domaniaux : prix de la vente de biens publics immobiliers, loyer de ces mêmes biens, redevances pour concessions dans les cimetières, droits de place ou de stationnement, redevances d'occupation d'un emplacement d'affichage ou d'une décharge de déblais, redevances d'utilisation d'un lavoir, d'un terrain de campement, d'un quai fluvial ou d'un port de plaisance, droits d'entrée dans les monuments publics, prix de la vente de matériaux extraits de terrains domaniaux, de coupes de bois domaniaux, de fleurs, fruits ou légumes récoltés sur des terrains domaniaux, prix de la cession de biens publics mobiliers ou redevances d'utilisation de ces mêmes biens, tels que chaises de jardin, bancs d'église, corbillard, pompe, scie, batteuse, presse à fourrage, projecteur cinématographique, prix

de la vente d'animaux, de matériaux ou de matières de consommation, telles que vieux papiers ou carburant, appartenant à des collectivités ou établissements publics ;
– redevances en contrepartie de la prestation de services : délivrance de formulaires administratifs, accomplissement de formalités administratives, délivrance d'expéditions d'actes administratifs, constitution de documentation préparatoire à la passation des marchés, sécurité, enseignement, études et recherches, activités culturelles ou sportives, internat, hébergement, séjour de vacances, hospitalisation, santé, salubrité, pesage, de la distribution de denrées de consommation ou de l'exécution de travaux ;
– produits d'exploitations agricoles, industrielles ou commerciales : production ou distribution d'eau, de gaz ou d'électricité, transports, port maritime, restauration, hôtellerie, thermalisme, bains de mer, édition, publicité, spectacles, expositions, concerts, fêtes, pharmacie, pompes funèbres, ou de la vente d'objcts fabriqués dans les services ou établissements publics ;
– recettes en atténuation de dépenses : remises consenties par les fournisseurs, reversement de dépenses indûment payées, remboursement de dépenses exposées pour autrui, remboursement de prêts ou d'avances, indemnités reçues ;
– recettes gratuites : subventions allouées aux collectivités ou établissements publics, fonds de concours à des dépenses publiques, produit de souscriptions ou de quêtes, dons ou legs ;
– ressources temporaires : emprunts, avances.

Les recettes publiques, suivant le droit commun (C. civil, art. 1376), ne sont telles qu'autant qu'elles ont pour objet d'acquitter des créances des organismes publics, lesquelles sont fondées sur des dispositions législatives, réglementaires, juridictionnelles ou contractuelles (décret du 29 déc. 1962, art. 22). À défaut de telles dispositions, les versements qui seraient faits aux organismes publics ne seraient pas des recettes publiques et l'ingérence dans leur perception ne serait pas constitutive de gestion de fait de deniers publics, mais d'exaction de deniers privés (v. ci-après, sect. 2, B., 2°).

La gestion de fait en recettes

Cour des comptes, 18 janvier 1882, commune de Sancoins (Cher)

(*Recueil Lebon,* quatrième supplément, p. 1)

(Marquès di Braga et Lyon, *De la comptabilité de fait,* § 141, note)

La Cour,

Vu l'arrêté en date du 15 juillet 1881 par lequel le préfet du Cher a déféré à sa juridiction, comme comptable de fait, le sieur Bellot, ancien maire de la commune de Sancoins, pour des opérations de recettes et de dépenses par lui effectuées en cette qualité ;

Vu les pièces produites à l'appui dudit arrêté et notamment le rapport en date du 30 mai 1881 dressé par le secrétaire général de la préfecture, spécialement délégué par le préfet pour procéder à l'enquête sur les irrégularités signalées ;

Vu les lois, ordonnances, décrets et instructions applicables à la matière, notamment la loi du 18 juillet 1837 sur l'administration municipale, le décret du 31 mai 1862 portant règlement général sur la comptabilité publique et l'instruction générale du 20 juin 1859 relative au service et à la comptabilité des receveurs généraux et particuliers des finances et des percepteurs ;

Vu les conclusions du procureur général de la République ;

Ouï en leurs rapports et observations MM. Callon, auditeur, et de Mony-Colchen, conseiller maître ;

Considérant qu'il résulte du procès-verbal de l'enquête que le sieur Bellot a perçu différentes sommes ayant le caractère de recettes communales ;

Qu'il reconnaît avoir reçu des sommes provenant notamment de souscriptions, qu'il aurait employées immédiatement et qui figurent dans un compte spécial dont le reliquat, s'élevant à 629 francs 85 centimes, a été versé à la recette municipale en vertu d'un état rendu exécutoire par le sous-préfet le 18 mai 1880 ;

Qu'indépendamment de ces recettes, il a reçu notamment :

du sieur Vacher, une somme de 25 francs représentant le prix d'une vente de vieux papiers ;

du sieur Aucouturier, agent de police, le montant d'une souscription pour l'établissement d'urinoirs publics, s'élevant à 83 francs ;

du même sieur Aucouturier, le montant d'une autre souscription pour la fête du 14 juillet, s'élevant, d'après le livre du sieur Aucouturier, à 257 francs 70 centimes et d'après le livre du sieur Bellot, à 252 francs 35 centimes ;

du sieur Perret, boulanger, le montant d'un mandat de 127 francs 75 centimes pour fournitures de pain aux indigents, fournitures que le sieur Perret déclare n'avoir pas été faites ;

du sieur Nicolas Fidel, pour prix de vieux matériaux, une somme de 41 francs, qui est comprise dans un état en date du 6 avril 1881 des sommes que le sieur Bellot reconnaît devoir à la commune ;

du sieur Jaffieux, pour faire opérer la désinfection du dépôt d'étalons, une somme de 30 francs, qui figure sur l'état précité du 6 avril 1881 ;

des sieurs Douet et Cloistre, à titre d'amendes, une somme de 6 francs comprise dans l'état précité ;

des sieurs Clément et Dufour, encore à titre d'amendes, d'une somme de 40 francs, qui devait être attribuée aux indigents ;

du sieur Aucouturier, le montant d'une souscription pour le curage de l'abreuvoir, s'élevant à 62 francs 50 centimes ;

Considérant que le recouvrement de ces différentes sommes et leur emploi, en tout ou partie, faits immédiatement par le sieur Bellot sans l'intervention du receveur municipal, constituent des faits de gestion occulte tombant sous l'application des dispositions de l'article 64 de la loi du 18 juillet 1837 ;

Par ces motifs,

DÉCLARE comptable occulte, pour s'être indûment ingéré dans le maniement des deniers communaux, le sieur Bellot, ancien maire de la commune de Sancoins ;

ORDONNE que, dans le délai de trois mois à compter de la notification du présent arrêt, il présentera le compte, dûment affirmé par lui, de toutes les recettes et dépenses ci-dessus visées, ainsi que de toutes autres qu'il aurait indûment effectuées ou qui pourraient être postérieurement mises à sa charge, ledit compte appuyé d'une délibération du conseil municipal et d'un arrêté du préfet, conformément à l'article 812 de l'instruction générale du 20 juin 1859 ;

DIT que, faute par lui de se conformer dans ledit délai à la présente disposition, il y sera contraint par toutes les voies de droit, et qu'au besoin, il sera procédé d'office et à ses frais à la formation dudit compte, conformément à l'article 1336 de ladite instruction ;

et que, quant à présent, il n'y a pas lieu de prendre hypothèque au nom de la commune de Sancoins sur les biens du sieur Bellot.

2° EXTRACTION IRRÉGULIÈRE DE FONDS DES CAISSES PUBLIQUES

L'extraction irrégulière de fonds des caisses publiques, qui les soustrait aux comptables publics, leurs seuls détenteurs réguliers, est opérée sous le couvert de dépenses apparentes viciées par l'absence de dettes ou de créanciers véritables.

a. Irrégularités relatives à l'objet des dépenses

Les dépenses publiques, suivant le droit commun (C. civil, art. 1235), supposent des dettes (décret du 31 mai 1862, art. 10 ; décret du 29 déc. 1962, art. 33, premier alinéa). Les gestions de fait par extraction irrégulière de fonds des caisses publiques résultent le plus fréquemment de l'émission d'ordonnances ou de mandats qualifiés *fictifs* parce qu'ils n'ont pas pour objet d'acquitter des dettes des organismes publics ou qu'ils ont pour objet d'acquitter des dettes autres que celles qu'ils énoncent.

La simulation de l'objet même des dépenses emporte la nullité du paiement fait sans cause, soit pour le tout, si les dettes sont entièrement fictives, soit pour partie, si des dettes effectives ont été indûment majorées. Mais si la majoration des dettes résulte de simples erreurs de liquidation, il n'y a pas lieu à déclaration de gestion de fait, mais seulement à répétition de l'indu, c'est-à-dire au reversement de ce que les bénéficiaires avaient indûment reçu.

La dissimulation de l'objet véritable des dépenses vise à les imputer sur des crédits qui ont été ouverts pour d'autres dépenses et sont ainsi détournés de leurs fins : allégation de salaires pour payer des fournitures, des travaux ou des loyers ; allégation de fournitures pour payer des rémunérations, des transports, des travaux ou des acquisitions immobilières ; allégation de transports pour payer des rémunérations ; allégation de travaux pour payer des rémunérations, ou même allégation de services autres que ceux qui ont été faits, de fournitures autres que celles qui ont été livrées ou de travaux autres que ceux qui ont été exécutés. Il en est de même lorsque des subventions servent en réalité à couvrir des dépenses de l'administration qui les alloue ou des versements irréguliers à des tiers.

Cette fraude vise le plus souvent à dissimuler l'irrégularité de fond des dépenses ; mais c'est la dissimulation même de l'objet de ces dépenses, qu'elles soient régulières ou non, qui entache le paiement fait sur une fausse cause et suffit à constituer la gestion de fait. Au contraire, les simples erreurs ou même les irrégularités d'imputation, sans dissimulation de l'objet des dépenses, si elles engagent la responsabilité des comptables payeurs, ne donnent pas origine à gestion de fait. À plus forte raison, lorsque le changement d'affectation des crédits avait été autorisé par le conseil délibérant, il n'y a pas de dissimulation ni, partant, de gestion de fait.

b. Irrégularités relatives au paiement des dépenses

Les dépenses publiques, suivant le droit commun (C. civil, art. 1239), ne peuvent être valablement payées qu'aux créanciers eux-mêmes ou à leurs représentants (décret du 31 mai 1862, art. 10 ; décret du 29 déc. 1962, art. 35). La supposition de créanciers, c'est-à-dire la substitution de créanciers fictifs aux créanciers effectifs, pour occulter ces derniers et ainsi, notamment, éluder les incapacités de recevoir auxquelles ils peuvent être soumis, emporte nullité du paiement et constitue comptables de fait ceux qui ont disposé des fonds ainsi irrégulièrement extraits. Mais si, nonobstant l'interposition des créanciers fictifs, les créanciers effectifs ont fini par recevoir leur dû, les dettes sont acquittées et il n'y a plus de gestion de fait.

Le versement de subventions par les organismes publics sous la condition que les attributaires les emploieront conformément aux ordres des administrateurs qui les ont octroyées, outre qu'il constitue une dissimulation de l'objet des dépenses (v. ci-avant), n'est pas un paiement valable, puisque les bénéficiaires apparents, ne pouvant disposer des fonds versés, n'en sont pas devenus propriétaires (C. civil, art. 544), mais une extraction irrégulière de ces fonds, dont les administrateurs qui s'en sont réservé la disposition sont comptables de fait. Il en est de même lorsque les administrateurs qui ont octroyé les subventions sont aussi les dirigeants, de droit ou de fait, des organismes bénéficiaires apparents et ainsi, conservent la disposition des fonds versés.

Les paiements faits à des organismes qui, à défaut d'accomplissement des formalités légales, n'ont pas de personnalité juridique propre, tels que des associations non déclarées, sont nuls (C. civil, art. 1241), et les prétendus représentants de ces organismes qui ont reçu les fonds versés en sont comptables de fait.

La gestion de fait en dépenses

Cour des comptes, 23 avril 1975, département de la Gironde (subdivision des travaux publics de La Teste)

(*Recueil de jurisprudence de la Cour des comptes,* p. 78)

La Cour,

Vu les comptes du département de la Gironde pour les exercices 1965 à 1972, ensemble les pièces justificatives des opérations décrites auxdits comptes et les pièces produites au cours de l'instruction ;

Vu la note de l'ingénieur des travaux publics, chef de la subdivision de La Teste, en date du 18 novembre 1974 ;

Vu les lettres de l'ingénieur en chef des ponts et chaussées, directeur départemental de l'équipement de la Gironde, en dates des 5 décembre

1974, 7 janvier et 27 janvier 1975, ainsi que les documents y annexés, notamment les deux notes de l'ancien chef de la subdivision de La Teste en date du 6 décembre 1974 ;

Vu les lois et règlements relatifs à la Cour des comptes, à la comptabilité publique et à la gestion de fait, notamment les lois des 16 septembre 1807, 31 décembre 1954, 23 février 1963 et 22 juin 1967, et les décrets des 12 juillet 1893, 29 décembre 1962 et 20 septembre 1968 ;

Vu les conclusions du procureur général de la République ;

Ouï M. Rohmer, conseiller référendaire, en son rapport et M. Coustaud, conseiller maître, en ses observations ;

Considérant que des mémoires formant un total de 321 118,67 F, établis par le service vicinal de la subdivision de La Teste et certifiés par le sieur Agard, ingénieur des travaux publics et chef de cette subdivision jusqu'au 19 novembre 1974, ont donné lieu à l'émission de mandats imputés de 1969 à 1974 sur les crédits ouverts au budget du département de la Gironde pour le paiement de travaux et de fournitures de voirie aux dames Castaing et Lascaray et aux sieurs Bardo, Boijoux, Bouzats, Bonnasse-Blanchon, Caubit, Dubourdieu, Laousse, Laborde, Latéoul, Dupiol et Villeneuve ;

Que tous ces mémoires font état soit de fourniture de terre végétale, de gravier de minière et de moellons de démolition, soit de location de divers matériels et véhicules pour l'entretien et la réparation des chemins départementaux, mais que le sieur Agard a reconnu au cours de l'instruction que les indications portées sur tous ces mémoires sont fausses, que les prestations et fournitures y mentionnées n'ont pas été effectuées et qu'en réalité, ces mémoires ont servi à régler aux diverses parties prenantes des dépenses d'une autre nature ;

Que, selon les explications écrites de l'intéressé, les mémoires établis de 1969 à 1974 au nom du sieur Boijoux pour un montant total de 172 215, 87 F et de la dame Lascaray pour un montant total de 97 323, 84 F auraient servi à payer à ces deux garagistes des fournitures de carburant et des réparations faites aux véhicules du service et aux voitures personnelles de certains des agents de la subdivision ; que les factures libellées de 1972 à 1974 au nom du sieur Laousse pour un montant total de 29 095, 40 F ont eu pour objet le paiement de menus travaux d'entretien et de réparation exécutés par cet ancien ouvrier auxiliaire pour le compte de la subdivision ; que les autres mémoires établis de 1970 à 1974 pour un montant total de 22 283, 56 F auraient eu pour objet le paiement d'indemnités diverses aux sieurs Bardo, Bonnasse-Blanchon, Caubit, Latéoule, Dupiol et Villeneuve, de frais de repas à la dame Castaing et au sieur Bouzats et de fourniture de rideaux et de moquettes pour les bureaux de la subdivision aux sieurs Dubourdieu et Laborde, mais que dans la plupart des cas, le sieur Agard n'a fourni aucune justification des dépenses ainsi alléguées ;

Considérant que, de 1968 à 1973, le département de la Gironde a payé à l'entreprise Plazzi une somme de 281 997, 79 F pour divers travaux de voirie et de construction effectués dans la subdivision de La Teste, mais qu'il résulte de l'instruction qu'à concurrence de 155 959,38 F, les décomptes de ces travaux, certifiés par le sieur Agard et produits à l'appui des mandats correspondants, comportent des énonciations mensongères quant à l'objet de la dépense ; que les aménagements d'accotements et les poses de canalisations facturés pour ce montant n'ont pas été exécutés et que les mémoires fictifs établis sur les directives de cet ingénieur auraient servi à régler à l'entreprise Plazzi des travaux de construction d'un bâtiment à usage de cantine et de douches pour le personnel, des aménagements complémentaires dans les bureaux de la subdivision et des clôtures de propriétés riveraines de chemins communaux élargis ;

Considérant que pour des travaux et fournitures de voirie exécutés dans la subdivision de La Teste, le département de la Gironde a réglé de 1969 à 1974 une somme totale de 2 127 754, 11 F à l'entreprise Sattanino, à deux sociétés du même groupe (Exploitation générale de carrières et minières et travaux publics et Approvisionnements généraux) et à d'autres entreprise girondines (Société de travaux routiers, à Créon, Entreprise Labro et Société des travaux routiers La Chaussée d'Aquitaine, à Talence) ;

Que, selon les explications écrites du sieur Agard et les relevés et factures produits par l'entreprise Sattanino, tous ces travaux et fournitures auraient été effectués par cette unique entreprise et que leur valeur totale pour les mêmes années s'élèverait à 2 010 658,13 F, mais que seule une partie, non chiffrée, de ces prestations a été payée sur présentation de mémoires mentionnant des services réellement faits ; que dans les autres cas, les plus nombreux, les factures établies sur les directives du sieur Agard et produites à l'appui des mandats de paiement font état de travaux et de fournitures autres que ceux qui ont été réellement exécutés ; que de plus, les factures fictives libellées au nom des sociétés autres que l'entreprise Sattanino auraient eu pour objet non le règlement de travaux que ces prétendus créanciers n'avaient pas exécutés, mais le reversement à l'entreprise Sattanino par lesdites sociétés des sommes qu'elles avaient reçues ;

Considérant qu'en faisant établir, en certifiant sciemment et en présentant à l'ordonnateur des mémoires et factures comportant des énonciations fausses quant à l'objet des dépenses et parfois, quant à la personne du créancier, le sieur Agard a provoqué l'extraction irrégulière de fonds de la caisse du département de la Gironde au moyen de mandats fictifs ; qu'il doit en conséquence être considéré comme responsable du maniement de ces fonds et appelé à compter de leur emploi réel devant le juge financier ;

Par ces motifs,

Statuant provisoirement,

ORDONNE ce qui suit :

1° Le sieur Agard, ingénieur des travaux publics, est déclaré comptable de fait des deniers du département de la Gironde.

2° Il lui est enjoint de présenter, dans le délai de trois mois à compter du jour de la notification du présent arrêt, un compte dûment signé et certifié de ses opérations irrégulières, ce compte retraçant en recettes, le montant des fausses factures et des mandats fictifs correspondants et en dépenses, l'emploi qui a été fait des fonds irrégulièrement extraits et maniés.

Ledit compte devra être appuyé de toutes pièces justificatives vérifiées et visées par l'ingénieur d'arrondissement, d'un certificat du directeur départemental de l'équipement attestant la réalité et le montant des services faits et d'une délibération du conseil général statuant sur l'utilité publique des dépenses alléguées.

3° Réserve est faite tant à l'égard de toutes autres personnes qui seraient par la suite reconnues avoir pris part aux opérations de la gestion de fait ou les avoir facilitées qu'en ce qui concerne toutes autres opérations irrégulières dont l'existence viendrait à être ultérieurement découverte.

B. Participation

L'implication dans la gestion de fait résulte non de l'intention subjective des manutenteurs irréguliers, toujours discutable, mais de leur participation aux opérations irrégulières, objectivement démontrable : ils sont jugés non sur ce qu'ils ont voulu faire, mais sur ce qu'ils ont fait. Cette participation démontrée, ils ne peuvent exciper, pour s'exonérer de l'obligation de rendre compte, de leur ignorance des lois et règlements.

1° Maniement de brève main, maniement de longue main

L'ingérence dans la perception des recettes ou la simulation ou la dissimulation des dépenses constituent comptables de fait non seulement les percepteurs ou extracteurs eux-mêmes, dits manutenteurs « de brève main », mais encore tous ceux qui ont ordonné ou toléré ces agissements, y ont coopéré ou les ont facilités, dits manutenteurs « de longue main ».

Sont ainsi comptables de fait les supérieurs qui ont organisé la gestion de fait ou ont prescrit l'exécution des opérations irrégulières par leurs subordonnés. Ces derniers, s'ils n'ont fait qu'exécuter les ordres reçus, sont laissés ou mis hors de cause ; mais s'ils avaient connaissance de l'irrégularité de ces ordres et les ont exécutés sans objections, ils sont eux-mêmes comptables de fait ; à plus forte raison, s'ils les ont excédés. On a égard au niveau d'intelligence des manutenteurs, présumé par celui des fonctions qui leur ont été attribuées : ainsi, le secrétaire de la mairie d'une grande ville est supposé pouvoir discerner l'irrégularité des ordres qu'il a reçus et doit en solliciter confirmation avant de les exécuter ; on n'exige pas le même discernement d'un garde champêtre.

Lors même que les supérieurs n'ont pas organisé la gestion de fait ni prescrit les opérations irrégulières, ils peuvent être déclarés comptables de fait, si, ces opérations ayant été entreprises par leurs subordonnés, ils les ont connues et tolérées ; à plus forte raison, s'ils les ont approuvées et ont réglé l'emploi des fonds ou valeurs détournés. Mais le simple défaut de surveillance des supérieurs sur leurs subordonnés ne peut suffire à les faire déclarer comptables de fait.

Sont aussi comptables de fait ceux qui ont coopéré à l'ingérence dans la perception des recettes ou à l'extraction irrégulière des fonds ou valeurs, tels que les administrateurs qui ont délivré de fausses certifications en recettes, les entrepreneurs, fournisseurs ou prestataires de services qui ont établi des mémoires fictifs, les architectes qui ont faussement certifié l'exécution de ces travaux ou les administrateurs qui ont faussement certifié la livraison de ces fournitures ou l'exécution de ces services, les ordonnateurs qui ont émis des ordonnances ou mandats fictifs et les bénéficiaires des dépenses irrégulières. Mais les ordonnateurs qui, trompés par des affirmations frauduleuses, ont émis des ordonnances ou mandats qu'ils ne savaient pas fictifs ne peuvent être déclarés comptables de fait, non plus que les bénéficiaires de dépenses qu'ils ne savaient pas irrégulièrement financées.

Sont enfin comptables de fait les détenteurs des fonds ou valeurs irrégulièrement perçus ou extraits. L'imprécision du terme de maniement avait été, sous l'empire de la réglementation antérieure, cause d'incertitude sur la question de savoir si la simple détention sans habilitation suffisait ou ne suffisait pas à constituer une gestion de fait, mais la loi du 23 février 1963 (art. 60-XI) mentionne expressément la détention comme constitutive à elle seule de gestion de fait. Ainsi, un trésorier-payeur général qui reçoit en dépôts prétendus particuliers des fonds qu'il sait être des recettes communales en est comptable de fait. Mais les dépositaires de fonds et valeurs tels que des banques ou des établissements de crédit qui n'avaient pas connaissance de leur origine irrégulière et n'ont fait qu'exécuter les ordres des déposants ne peuvent être déclarés comptables de fait.

Les associations, fondations ou sociétés qui, par leurs représentants ou agents, ont participé au maniement sans habilitation des deniers publics, en sont comptables de fait, soit seules, si ces représentants ou agents se sont contenus dans leurs fonctions, soit conjointement avec ces représentants ou agents, s'ils ont excédé leurs fonctions. Mais si elles n'ont servi que d'instruments passifs des agissements irréguliers de leurs représentants ou agents, elles sont laissées ou mises hors de cause.

2° Les gestions collectives : la solidarité entre comptables de fait

Lorsqu'une même gestion de fait a plusieurs coauteurs, une jurisprudence ancienne et constante les déclare solidairement tenus des obligations et responsabilités qui en résultent. Mais la solidarité ne se présume pas : elle doit être édictée par la loi ou expressément stipulée (C. civil, art. 1202).

La Cour des comptes, dans les arrêts où elle a motivé sa jurisprudence, lui a donné un autre fondement, objectif : l'indivisibilité de la gestion commune, résultant de l'impossibilité d'imputer aux uns des coauteurs de la gestion de fait plutôt qu'aux autres des opérations auxquelles tous ont participé. L'indivisibilité produit le même effet principal que la solidarité légale ou conventionnelle (C. civil, art. 1222) et même, on le verra (ci-après, chap. IV, sect. 3, B.), un effet supplémentaire envers les héritiers des comptables de fait.

Lorsque l'indivisibilité n'existe entre certains comptables que pour certaines opérations, la solidarité entre eux est limitée à ces opérations. L'indivisibilité n'existe pas et partant, la solidarité n'a pas lieu dans les gestions successives, où, suivant la règle de droit commun (décret du 31 mai 1862, art. 24 ; loi du 23 février 1963, art. 60-III), chaque comptable ne répond que de sa gestion propre. Lorsqu'un même auteur principal a géré indivisiblement avec plusieurs coauteurs successifs, la solidarité a lieu entre lui et chacun des autres séparément.

II. L'OBJET DU MANIEMENT : LES DENIERS PUBLICS OU LES DENIERS PRIVÉS RÉGLEMENTÉS

Le décret du 31 mai 1862 (art. 25) réputait comptables de fait tous ceux qui, sans habilitation, se seraient ingérés dans le maniement des deniers publics ; le sens de ces termes avait été défini par la jurisprudence. La loi du 25 février 1943 y avait ultérieurement ajouté les deniers privés, quand ceux-ci auraient dû réglementairement être reçus et conservés par les comptables de droit. La loi du 23 février 1963 (art. 60-XI) répute à présent comptables de fait tous ceux qui, sans habilitation, se seraient ingérés dans le recouvrement des recettes publiques, le paiement des dépenses publiques ou la détention des fonds et valeurs appartenant aux organismes publics ou confiés à ces mêmes organismes, fonds et valeurs qui sont précisément ceux que la réglementation antérieure, telle qu'elle avait été précisée par la jurisprudence, dénommait deniers publics ou deniers privés réglementés.

A. Deniers et biens non pécuniaires

Les deniers publics et les deniers privés réglementés sont des fonds ou des valeurs de portefeuille (décret du 31 mai 1862, art. 21 à 23 ; décret du 29 déc. 1962, art. 11), qui s'opposent aux biens publics non pécuniaires.

Les *fonds*, ou valeurs de caisse, sont tous les moyens de paiement ayant cours légal et pouvoir libératoire. Ces qualités, ordinairement conférées par la loi, peuvent résulter de circonstances extraordinaires : ainsi, sont des deniers publics, dont le maniement sans habilitation est constitutif de gestion de fait, des bons communaux émis en temps de guerre par des municipalités pour le règlement de leurs dettes et acceptés par elles en règlement de leurs créances ou amortissables après la cessation des hostilités.

Les *valeurs de portefeuille* assimilées à des deniers sont les titres de créances ou de dettes échues et exigibles ou du moins escomptables, comme tels immédiatement convertibles en monnaie, qui sont transmissibles par simple remise. Au contraire, des titres de rentes nominatifs, qui ne sont pas transmissibles par simple remise et ne sont remboursables qu'au gré du débiteur, ne sont pas assimilables à des deniers, non plus que des bons de secours alimentaires, qui ne sont pas immédiatement convertibles en monnaie.

Dans la conception de l'auteur du décret du 31 mai 1862, l'objet essentiel de la comptabilité publique était « le service des deniers publics » (art. 2, deuxième alinéa), la comptabilité des biens non pécuniaires faisant l'objet de dispositions et d'écritures distinctes et séparées. Corrélativement, ce même décret définissait la gestion de fait comme le maniement sans habilitation de ces seuls deniers, à l'exclusion de celui des biens non pécuniaires. Ainsi, des cessions, échanges ou partages de matières de transformation ou de consommation appartenant à des communes, telles que des matériaux de construction, des bois de chauffage ou des denrées alimentaires, n'étaient pas constitutifs de gestion de fait, alors même que ces matières auraient servi de moyens de paiement, non plus que des détournements d'animaux, d'objets mobiliers ou de denrées appartenant à des communes ou à des établissements publics locaux, ou l'usurpation d'un immeuble appartenant à un bureau de bienfaisance, sans perception des revenus.

Le décret du 29 décembre 1962 a étendu le champ d'application de la comptabilité publique à la gestion de tous les biens publics, mais cette extension ne s'est pas traduite dans les attributions des comptables publics, qui restent essentiellement des comptables en deniers (décret du 29 déc. 1962, art. 11) et ne sont qu'occasionnellement des comptables en matières. Corrélativement, la définition de la gestion de fait énoncée par la loi du 23 février 1963 (art. 60-XI) continue d'être fondée sur le seul maniement des fonds ou valeurs, à l'exclusion de celui des biens non pécuniaires, lequel, même irrégulier, n'est pas, en l'état présent du droit, générateur de gestion de fait ; mais les produits pécuniaires de la vente ou de l'usage de ces biens sont des recettes publiques, dont la perception sans habilitation est constitutive de gestion de fait (v. ci-avant, 1, A, 1°).

B. Deniers publics, deniers privés, deniers réglementés

Seuls sont susceptibles de gestion de fait les deniers publics ou les deniers privés réglementés, c'est-à-dire, dans la formulation actuelle, les fonds et valeurs qui appartiennent aux organismes publics ou sont confiés à ces organismes. Au contraire, les fonds ou valeurs qui appartiennent à des organismes privés sont des deniers privés, comme tels insusceptibles de gestion de fait.

1° Les organismes publics

Les deniers publics, dans la définition du décret du 31 mai 1862 (art. 1er), étaient ceux de l'État, des collectivités locales (départements, communes) et des établissements publics nationaux et locaux. Les mêmes organismes se retrouvent dans le décret du 29 décembre 1962 (art. 1er) sous la dénomination générique d'organismes publics.

Les *collectivités locales* reconnues par la Constitution (art. 72) sont les départements, les communes et les territoires d'outre-mer, auxquelles la loi du 2 mars 1982 a ajouté les régions et diverses autres lois des collectivités à statut spécial (Mayotte : loi du 28 déc. 1976 ; Saint-Pierre-et-Miquelon : loi du 11 juin 1985).

Les *établissements publics locaux* sont des organismes qui relèvent de ces collectivités, mais qui ont une personnalité juridique propre ; il peut y avoir difficulté à les distinguer des organismes privés qui ont des activités identiques ou similaires.

La distinction entre les établissements publics administratifs et les établissements de simple utilité publique est une question classique de droit administratif, dont la solution commande la qualification des deniers de ces organismes. Les associations syndicales autorisées sont des établissements publics ; les fonds et valeurs qui leur appartiennent sont donc des deniers publics, dont le maniement sans habilitation est constitutif de gestion de fait. Les fondations ou associations, même reconnues d'utilité publique, sont des organismes privés ; les fonds et valeurs qui leur appartiennent sont donc des deniers privés, insusceptibles de gestion de fait.

Les entreprises publiques peuvent être constituées sous la forme d'établissements publics industriels et commerciaux, organismes publics, mais aussi, en dépit de leur premier qualificatif, de sociétés commerciales, organismes privés, alors même que les organismes publics seraient leurs actionnaires uniques ou majoritaires : tel est notamment le statut des sociétés d'économie mixte auxquelles participent les collectivités locales. Les fonds et valeurs des établissements publics industriels et commerciaux sont des deniers publics, dont le maniement sans habilitation est constitutif de gestion de fait ; ceux des sociétés dont les organismes publics sont actionnaires uniques ou majoritaires sont des deniers privés, insusceptibles de gestion de fait. Pour les établissements publics nationaux, la distinction a été faite par voie réglementaire : sont seules réputées établissements publics les entreprises au service financier desquelles sont préposés des comptables publics (décret du 29 déc. 1962, art. 190). La même distinction est applicable aux établissements publics locaux, car, en l'absence de comptables publics, il ne peut y avoir d'immixtion dans les fonctions qui leur sont réservées, c'est-à-dire, dans la définition de la loi du 23 février 1963 (art. 60-XI), de gestion de fait.

2° Acquisition et perte de la qualité de deniers publics

Les recettes ne sont publiques et partant, génératrices de deniers publics, qu'autant qu'elles sont « affectées ou destinées » aux organismes publics (loi du 23 février 1963, art. 60-XI, premier alinéa).

L'affectation résulte des dispositions législatives, réglementaires, juridictionnelles ou contractuelles sur lesquelles sont fondées les créances des organismes publics, causes nécessaires de leurs recettes (décret du 29 déc. 1962, art. 22). À défaut de telles dispositions, les versements faits aux organismes publics ne seraient pas des recettes publiques (v. ci-avant, sect. 1, A., 1°). Ainsi, la perception sans habilitation d'impôts, droits et taxes illégalement institués n'est qu'une simple exaction, non constitutive de gestion de fait, qui engagerait la responsabilité de ses auteurs envers les parties lésées et non envers les organismes publics, sauf circonstances extraordinaires qui fonderaient la légalité de ces taxes et corrélativement, la déclaration de gestion de fait des percepteurs non habilités. Il en est de même de la perception d'amendes infligées sans autorisation légale. Au contraire, des droits de place et de stationnement, même irrégulièrement établis, sont des recettes publiques, fondées sur la propriété publique des voies et places occupées, dont les percepteurs sans habilitation seraient comptables de fait. La vente de coupes affouagères dans des forêts communales est productive de deniers communaux ; mais si ces coupes ont été partagées sur pied entre les affouagistes, la vente ultérieure de chaque part est productive de deniers privés. Les deniers qui proviennent de la vente de denrées acquises par l'administrateur d'un hospice, agissant à titre personnel, sont des deniers privés, de même que ceux qui proviennent de la vente d'animaux acquis par les administrateurs d'un hospice, agissant à titre personnel, même si ces animaux ont été nourris des eaux grasses de l'établissement. L'exploitation de services municipaux de ravitaillement est génératrice de deniers communaux ; mais si ces services ont été organisés sans le consentement des conseils municipaux et financés des deniers personnels des maires ou des commerçants y participants, leur exploitation est génératrice de deniers privés. L'exploitation d'un service de transports au moyen de véhicules réquisitionnés par un maire est génératrice de deniers communaux ; mais si cette exploitation est faite au moyen de véhicules appartenant au maire personnellement, elle est génératrice de deniers privés.

La destination des versements gratuits, tels que fonds de concours, produit de souscriptions ou de quêtes, dons ou legs, dépend de l'intention des parties versantes : si elles ont entendu gratifier des organismes publics, les fonds versés deviennent des deniers publics ; sinon, ils restent des deniers privés. À défaut de dispositions écrites, cette destination se déduit de présomptions de droit ou de fait. Les fonds versés pour des travaux à exécuter sur des chemins communaux sont des fonds de concours, deniers publics ; les fonds versés pour des travaux à exécuter sur des chemins non classés vicinaux ni ruraux restent des deniers privés. Les souscriptions destinées à l'acquisition d'immeubles communaux ou à l'exécution de travaux communaux produisent des deniers communaux ; mais si les maires ou les conseils municipaux n'en ont pas eu l'initiative, les deniers collectés restent privés jusqu'à leur versement aux receveurs municipaux. Les quêtes organisées par les représentants légaux des organismes publics sont productives de deniers publics ; mais si ces quêtes ont été organisées par des particuliers, les fonds recueillis restent privés, alors même que les destinataires finaux seraient les mêmes. Les dons faits aux maires, comme représentants légaux des communes ou des bureaux de bienfaisance, sont réputés faits à ces organismes ; mais s'il est démontré que les réceptionnaires ont agi non comme représentants de ces organismes, mais comme représentants des donateurs ou des particuliers bénéficiaires, les fonds versés restent des deniers privés. Le legs d'un immeuble sous réserve d'usufruit viager n'est pas productif de deniers publics du vivant de l'usufruitier ; mais après son décès, il le devient.

La transformation des fonds versés en deniers publics peut nécessiter l'accomplissement de formalités indispensables. Ainsi, les legs faits aux collectivités locales et établissements publics locaux ne produisent effets que lorsqu'ils ont été acceptés (C. civil, art. 910 ; C. général des collectivités territoriales, art. L 2242-1, L 2242-3 et L 323-6) ; avant cette acceptation, les fonds et valeurs qui constituent ces legs ou en proviennent restent des deniers privés, qui peuvent être régulièrement gérés par les exécuteurs testamentaires ; mais après cette acceptation, ils deviennent des deniers publics, et les exécuteurs testamentaires qui en conservent la gestion en deviennent comptables de fait.

Les organismes publics, personnes fictives, ne peuvent recevoir que par l'intermédiaire de leurs représentants ou agents. Les versements faits par leurs débiteurs à ces représentants ou agents opèrent transmutation des fonds versés en deniers publics, alors même que ces représentants ou agents ne seraient pas habilités à les recevoir : c'est l'origine de toutes les gestions de fait en recettes. Mais s'il ressort des circonstances que les agents publics qui ont reçu les fonds et ne les ont pas reversés aux organismes destinataires doivent être regardés comme des mandataires des parties versantes, il n'y a pas de gestion de fait de deniers publics, mais un simple détournement de deniers privés.

Les dépenses publiques ne sont régulières et partant, n'opèrent transmutation des fonds versés à des organismes privés ou à des particuliers en deniers privés qu'autant que le paiement était valable, c'est-à-dire qu'il avait pour objet l'acquittement de dettes des organismes publics (C. civil, art. 1235 ; décret du 31 mai 1862, art. 10, premier alinéa ; décret du 29 déc. 1962, art. 33, premier alinéa) et qu'il était fait aux créanciers ou à leurs représentants (C. civil, art. 1239 ; décret du 31 mai 1862, art. 10, premier alinéa ; décret du 29 déc. 1962, art. 35), capables de les recevoir (C. civil, art. 1241). À défaut, les dépenses prétendues ne seraient que des extractions irrégulières de fonds (v. ci-avant, sect. 1, A., 2°) qui resteraient des deniers publics.

Le versement de subventions octroyées par les organismes publics à des associations, fondations ou autres organismes privés opère transmutation des fonds versés en deniers privés ; mais si les ordonnateurs des organismes publics versants se sont réservé de disposer de ces fonds, ces organismes en restent propriétaires (C. civil, art. 544) et ces ordonnateurs en sont comptables de fait (v. ci-avant, sect. 1, A., 2°).

Les organismes privés bénéficiaires de dépenses publiques ne peuvent en recevoir valablement paiement que s'ils ont une personnalité juridique propre ; à défaut, le versement est nul et les fonds versés demeurent des deniers publics : c'est notamment le cas des associations non déclarées.

3° Les deniers privés réglementés

Les comptables publics sont habilités à manier non seulement les deniers publics, mais aussi les deniers privés dont les organismes publics sont détenteurs temporaires, tels que trop-perçus à restituer, versements à employer pour des tiers, dépôts, consignations, qui sont gérés suivant les mêmes règles et dits en conséquence *deniers privés réglementés*.

L'assimilation de la réglementation applicable aurait dû faire considérer les manutenteurs non habilités de ces deniers comme comptables de fait. Pourtant, la Cour des comptes s'était estimée tenue par la définition de la gestion de fait énoncée par le décret du 31 mai 1862 (art. 25), qui ne visait expressément que les deniers publics, et avait refusé de lui assimiler le maniement sans habilitation des deniers privés réglementés.

Cette assimilation a été prononcée, à la demande de la Cour elle-même, par la loi du 25 février 1943 (art. 1er). Elle est à présent confirmée par la loi du 23 février 1963 (art. 60-XI, deuxième alinéa), qui répute comptables de fait tous ceux qui, sans habilitation, se sont ingérés dans « des opérations portant sur des fonds et valeurs qui n'appartiennent pas aux organismes publics, mais que les comptables publics sont exclusivement chargés d'exécuter en vertu de la réglementation en vigueur ».

Les deniers privés ne sont donc susceptibles de gestion de fait qu'autant que le maniement en est réservé aux comptables publics. Ainsi, les trop-perçus sur recettes publiques doivent être conservés par les comptables assignataires jusqu'à restitution aux parties versantes ; les administrateurs qui en disposent pour payer des dépenses non autorisées s'en rendent comptables de fait. Dans les établissements publics d'hospitalisation, les honoraires destinés aux médecins doivent être versés aux receveurs en vue d'une répartition ultérieure entre les bénéficiaires : leur encaissement direct par ces derniers est constitutif de gestion de fait ; mais si les médecins ont été autorisés à traiter dans ces établissements leurs clients personnels (régime « de clinique ouverte »), ils peuvent recevoir immédiatement de ceux-ci leurs honoraires sans qu'il y ait gestion de fait. Les fonds et valeurs déposés par les hospitalisés doivent être reçus et conservés par les receveurs, qui sont chargés de percevoir les revenus y afférents (inst. générale du 20 juin 1859, art. 1111) : la détention de ces fonds et valeurs et la perception de ces revenus par d'autres agents est constitutive de gestion de fait. Il en est de même des fonds et valeurs qui appartiennent aux incapables majeurs admis dans ces établissements et des revenus y afférents. Les cautionnements constitués par les locataires d'offices d'habitations à loyer modéré doivent être déposés entre les mains des receveurs de ces établissements : leur détention par d'autres agents est constitutive de gestion de fait.

III. LE DÉFAUT D'HABILITATION AU MANIEMENT

Les manutenteurs des deniers publics ou des deniers privés réglementés en sont tous comptables, de droit ou de fait. Ces derniers se distinguent par le défaut d'habilitation à ce maniement, soit qu'ils n'aient qu'une habilitation insuffisante, soit qu'ils n'aient aucune habilitation.

A. L'habilitation et ses limites

Le maniement des deniers publics ou des deniers privés réglementés est réservé principalement aux comptables publics (décret du 29 déc. 1962, art. 11) ou secondairement aux agents qui opèrent sous le contrôle et pour le compte des comptables publics. Les uns et les autres ont ainsi une habilitation, dans laquelle ils doivent se contenir ; s'ils l'excèdent, ils deviennent comptables de fait.

1° L'habilitation des comptables publics

Les comptables publics sont habilités par fonctions au maniement des deniers publics ou des deniers privés réglementés. Ils ne peuvent donc en principe être déclarés comptables de fait, déclaration qui serait sans objet, puisqu'elle ne ferait que leur imposer des obligations et responsabilités qui leur incombent déjà.

Les comptables publics ne sont tels que s'ils ont été régulièrement institués, ce qui nécessite notamment la nomination ou au moins l'agrément général ou particulier du ministre des finances (décret du 29 déc. 1962, art. 16). Les comptables irrégulièrement institués n'ont qu'une habilitation apparente et sont donc des comptables de fait. Ainsi en est-il des comptables qui auraient été institués par les conseils délibérants ou par les ordonnateurs des collectivités locales, dont le service financier est légalement réservé aux comptables du Trésor.

Même régulièrement institués, les comptables publics n'ont pas une compétence indéfinie : ils sont affectés à certains services ou organismes publics. S'ils s'ingèrent ou se maintiennent dans la gestion financière d'autres services ou organismes, ils deviennent comptables de fait. Ainsi en est-il du trésorier-payeur général qui conserve le service financier d'un établissement public local qu'il aurait dû, en exécution de la loi du 2 mars 1982, remettre à un comptable subordonné, du receveur particulier des finances qui s'ingère dans la gestion des communes de son arrondissement, dont il n'a que la surveillance, du receveur municipal qui s'ingère dans la gestion d'un syndicat intercommunal ou du receveur d'un hospice intercommunal qui gère les fonds des communes elles-mêmes.

Enfin, si les comptables publics ne peuvent, à raison de l'exercice de leurs fonctions, être déclarés comptables de fait, ils peuvent, dans l'exercice de leurs fonctions, se faire fauteurs de gestions de fait dont les auteurs sont d'autres. Ils sont alors déclarés comptables de fait solidairement avec ceux-ci, ce qui leur étend les mêmes obligations et responsabilités et les expose en outre à être condamnés à l'amende (v. ci-après, chap. VI, sect. 2). Sont dans ce cas le comptable qui tolère que des recettes soient retenues et employées par l'ordonnateur ou qui s'abstient de faire apparaître dans ses comptes des recettes publiques irrégulièrement perçues et employées, le trésorier-payeur général qui accepte en dépôts prétendus particuliers des fonds qu'il sait être des recettes communales ou les comptables qui paient des ordonnances ou mandats qu'ils savent fictifs. Mais lorsque le reliquat d'une gestion de fait est reversé par les manutenteurs irréguliers au comptable de droit, qui le prend en recette, celui-ci ne peut en être déclaré comptable de fait, alors surtout qu'il n'a accepté ce versement qu'en déclinant expressément sa responsabilité à raison des faits générateurs de cette gestion.

Le comptable public qui, sans avoir participé à la gestion de fait, en aurait eu connaissance et ne l'aurait pas dénoncée en deviendrait subsidiairement responsable (v. ci-après, chap. VI, sect. 3).

2° Les autres habilitations

Les fonctionnaires et agents qui agissent sous le contrôle et pour le compte des comptables publics sont aussi habilités au maniement des deniers publics.

Les *mandataires des comptables* ne sont habilités à recevoir et à gérer des deniers publics ou des deniers privés réglementés qu'autant qu'ils opèrent sous le contrôle et pour le compte de leurs mandants. À défaut, ils sont comptables de fait. Tels sont les huissiers chargés du recouvrement forcé des recettes publiques qui les retiennent, alors qu'ils devraient les reverser.

Les *régisseurs de recettes ou d'avances* sont des agents administratifs désignés par les ordonnateurs, mais agréés par les comptables, chargés d'exécuter, sous le contrôle et pour le compte de ces derniers, des recettes ou des dépenses (décret du 29 déc. 1962, art. 18). Ils sont ainsi habilités au maniement des deniers publics ou des deniers privés réglementés ; quelque irrégulières que soient leurs opérations, ils ne peuvent donc être déclarés comptables de fait. Ces irrégularités seront reconnues et sanctionnées lors de la reprise de ces opérations dans les écritures et les comptes des comptables, lesquels, faute de les avoir rejetées sur les régisseurs, en deviendraient personnellement responsables devant le juge des comptes. Les régisseurs eux-mêmes ne relèvent pas de ce juge : leur responsabilité pécuniaire personnelle est sanctionnée par la voie administrative.

Néanmoins, les régisseurs ne sont tels qu'autant que la régie a été régulièrement instituée et qu'eux-mêmes ont été régulièrement désignés. À défaut, ils n'ont qu'une habilitation apparente et sont donc comptables de fait. Tels sont les régisseurs qui sont désignés par les maires sans l'agrément des comptables assignataires.

Même régulièrement désignés, les régisseurs n'ont compétence que pour exécuter les opérations énoncées dans l'acte institutif de la régie. S'ils s'ingèrent dans d'autres opérations, ils deviennent comptables de fait. Tels sont les régisseurs de recettes qui paient immédiatement des dépenses sur les fonds qu'ils ont recueillis.

Si les régisseurs s'abstiennent ou refusent de soumettre leurs opérations au contrôle des comptables, ils cessent de gérer sous le contrôle et pour le compte de ceux-ci et ne sont donc plus couverts par leur habilitation : ils deviennent ainsi comptables de fait. Tels sont les régisseurs de recettes qui les retiennent, qui les dissimulent ou qui les emploient immédiatement en dépenses non autorisées, ou les régisseurs d'avances qui s'abstiennent ou refusent de produire les justifications des dépenses qu'ils ont payées ou qui produisent des justifications fausses, à plus forte raison les régisseurs qui détournent à leur profit personnel les fonds qu'ils ont reçus ou qui leur avaient été avancés.

Enfin, les régisseurs qui ont coopéré à des gestions de fait sont eux-mêmes comptables de fait. Tels sont le régisseur qui s'abstient d'enregistrer des recettes qui sont laissées à la disposition de l'ordonnateur ou le régisseur d'avances qui accepte des pièces justificatives qu'il sait fausses.

Les *adjudicataires ou concessionnaires de services publics* peuvent être habilités par leurs traités à percevoir des recettes publiques et à les employer en dépenses. Il peut en être de même des *mandataires des organismes publics*. Mais si les uns ou les autres excèdent l'objet ou la durée de leur habilitation, ils deviennent comptables de fait : ainsi en est-il du mandataire qui s'ingère dans des opérations étrangères à son mandat ou du concessionnaire qui poursuit son exploitation après l'expiration de la concession.

B. L'absence d'habilitation

Les manutenteurs de deniers publics ou de deniers privés réglementés qui ne sont pas comptables de droit ou n'opèrent pas sous le contrôle et pour le compte des comptables de droit sont comptables de fait (loi du 23 février 1963, art. 60-XI).

Cette disposition s'applique par excellence aux ordonnateurs, auxquels le principe fondamental de séparation (v. ci-avant, chap. I, sect. 1, B.) interdit d'exercer les fonctions des comptables, et notamment aux ordonnateurs des collectivités locales : préfets, antérieurement aux lois de décentralisation, présidents des conseils régionaux ou des conseils généraux, depuis lors, maires ou présidents des délégations spéciales qui les suppléent et adjoints, qui sont auteurs ou coauteurs de la plupart des gestions de fait recensées en jurisprudence, présidents des syndicats intercommunaux, présidents des associations syndicales autorisées, dont la comptabilité est assimilée à celle des communes, et aux ordonnateurs des services ou établissements publics locaux.

Plus généralement, tous les fonctionnaires ou agents publics qui, n'étant pas comptables ou n'opérant pas sous le contrôle et pour le compte des comptables, s'ingèrent dans le recouvrement des recettes publiques, dans le paiement des dépenses publiques ou dans la détention des fonds et valeurs dont les collectivités locales ou les établissements publics locaux sont propriétaires ou dépositaires sont dans le cas d'être déclarés comptables de fait : chefs de services régionaux ou départementaux, autres fonctionnaires ou agents régionaux ou départementaux, chefs de services communaux ou intercommunaux, secrétaires de mairie, employés de mairie, agents de police municipale, gardes champêtres, architectes communaux, ingénieurs au service des collectivités locales, agents voyers, cantonniers de chemins ruraux, économes d'établissements locaux d'enseignement, économes d'établissements publics d'hospitalisation, médecins et pharmaciens de ces établissements, agents d'offices d'habitations à loyer modéré, administrateurs ou agents des collectivités locales ou des établissements publics locaux d'outre-mer.

Les manutenteurs non habilités de deniers publics ou

de deniers privés réglementés ne peuvent objecter qu'ils ne seraient pas fonctionnaires ou agents publics professionnels pour s'exempter d'être déclarés comptables de fait. C'est, on l'a vu ci-avant, le statut des ordonnateurs élus des collectivités locales. C'est aussi le statut des élus locaux qui ne sont pas ordonnateurs, des administrateurs bénévoles des établissements publics d'hospitalisation ou des religieuses affectées à ces établissements, des administrateurs élus des offices d'habitation à loyer modéré ou des administrateurs ou agents des associations syndicales autorisées. C'est enfin le cas des collaborateurs occasionnels des services et organismes publics.

Les notaires, s'ils sont habilités à recevoir et gérer les fonds et valeurs qui leur sont remis par des particuliers, n'ont pas qualité pour manier les deniers publics ou les deniers privés réglementés ; s'ils s'ingèrent dans ce maniement, ils deviennent comptables de fait. Il en est de même des administrateurs judiciaires.

Les simples particuliers sont comme tels entièrement étrangers aux fonctions publiques. Mais s'ils s'ingèrent dans le maniement des deniers publics ou des deniers privés réglementés, ils en deviennent comptables de fait, soit comme auteurs principaux, soit plus souvent comme fauteurs. Sont dans le premier cas le propriétaire d'un immeuble vendu à une commune qui reçoit immédiatement le produit de la souscription organisée par le maire pour l'achat de cet immeuble, les propriétaires affouagistes qui reçoivent immédiatement le produit de la vente sur pied des lots qui doivent leur revenir après abattage, l'entrepreneur qui exploite un service municipal dont il n'est pas concessionnaire, le gérant d'un immeuble d'habitation ou d'un fonds de commerce échu à un hospice, le ban quier qui reçoit les arrérages d'une rente nominative revenant à un établissement public ; sont dans le second cas les entrepreneurs ou fournisseurs qui établissent des mémoires fictifs (v. ci-avant, sect. 1, B.).

Les représentants ou agents d'associations, fondations ou sociétés privées qui se sont ingérés dans le maniement des deniers publics en sont comptables de fait, soit seuls, si ces associations, fondations ou sociétés n'ont servi que d'instruments de leurs agissements personnels, soit conjointement avec elles, s'ils ont abusé des fonctions qu'ils y exerçaient ;

mais s'ils se sont contenus dans leurs fonctions, seules ces associations, fondations ou sociétés sont comptables de fait (v. ci-avant, sect. 1, B.).

Les manutenteurs non habilités ne peuvent alléguer, pour s'exempter d'être déclarés comptables de fait, ni leur ignorance des lois et règlements, ni l'innocence de leurs intentions, ni l'absence d'appropriation personnelle des fonds ou valeurs. Ces excuses ne sont prises en considération que pour l'allocation des dépenses (v. ci-après, chap. V, sect. 3) et pour l'atténuation ou la dispense de l'amende (v. ci-après, chap. VI, sect. 2).

COMPÉTENCE

Les gestions de fait sont soumises aux mêmes juridictions que les gestions de droit. Ce principe, affirmé par la jurisprudence, a été confirmé par le décret du 31 mai 1862 (art. 25), à présent repris par la loi du 23 février 1963 (art. 60-XI, troisième alinéa, mod. par la loi du 10 juillet 1982, art. 22). Il implique d'une part l'exclusivité de la compétence du juge des comptes pour connaître des gestions de fait, d'autre part, à l'intérieur de la juridiction des comptes, une répartition de compétence entre la Cour des comptes et les autres organes de cette juridiction.

I. DÉLIMITATION DE LA COMPÉTENCE DU JUGE DES COMPTES ET DE CELLE DES AUTRES JUGES

La responsabilité pécuniaire personnelle des comptables publics ne peut être sanctionnée que par le ministre dont ils relèvent, le ministre des finances ou le juge des comptes (loi du 23 février 1963, art. 60-V). La même responsabilité pesant sur les comptables de fait (même loi, art. 60-XI, troisième alinéa), la même exclusivité de compétence s'applique aux gestions de fait. La délimitation de la juridiction du juge des comptes et de celle des autres juges ne concerne donc que des questions préjudicielles, c'est-à-dire celles qui doivent nécessairement être résolues avant que le juge puisse statuer au fond.

A. Délimitation à l'égard du juge administratif

Le juge des comptes est juge de la responsabilité pécuniaire personnelle des comptables de deniers publics, de droit ou de fait, envers les organismes publics. Il n'est pas juge de la responsabilité de ces organismes envers ces comptables, ni, généralement, des actions qui tendent à faire condamner l'administration ou ses agents autres que les comptables ou à faire annuler ses actes ; ces actions doivent être portées devant le juge administratif.

Néanmoins, la responsabilité des comptables de deniers publics étant régie par le droit public, le juge de cette responsabilité est corrélativement un juge de droit public, auquel ne peut être opposé le principe de la séparation entre l'ordre administratif et l'ordre judiciaire. Il est ainsi compétent pour statuer sur toutes les difficultés élevées dans l'exercice de sa juridiction qui mettraient en question la validité d'actes administratifs, tels que ceux qui auraient prétendu habiliter des agents indépendants des comptables de droit au maniement des deniers publics ou des deniers privés réglementés, qu'il s'agisse de délibérations, de décisions ou de conventions, les délibérations des conseils régionaux, généraux ou municipaux ou des conseils d'administration des établissements publics locaux qui prétendraient dispenser les comptables de fait de rendre compte de leur gestion (v. ci-après, chap. V, sect. 3), celles qui statuent sur l'utilité publique des dépenses alléguées par les comptables de fait (même chapitre, même section, C.) ou celles qui prétendraient admettre en non-valeur les débets des comptables de fait ou leur en faire incompétemment remise (même chapitre, sect. 4, B., 2°). De même, il peut statuer sur la sincérité des certificats administratifs qui lui sont produits, lesquels ne font foi que jusqu'à preuve contraire, qui peut être faite par le juge saisi au principal, et non jusqu'à inscription de faux.

Au contraire, le juge des comptes, en vertu du principe général suivant lequel il n'a pas juridiction sur l'administration, ne peut statuer sur des demandes des comptables de fait tendant à la condamnation de l'administration aux dépens de l'instance ou à l'allocation d'indemnités, ni constituer les organismes publics débiteurs des comptables de fait (v. ci-après, chap. V, sect. 4, E., 3°).

B. Délimitation à l'égard du juge civil

L'action en reddition de compte de la gestion des deniers publics, qu'elle soit exercée contre des comptables de droit ou contre des comptables de fait, n'est pas régie par le Code civil, mais par une loi de finances, acte de droit public. Le juge des comptes est donc seul compétent pour en connaître, à l'exclusion du juge civil.

Ce même juge est habilité à statuer sur les exceptions opposées à cette action, fussent-elles fondées sur le droit civil. Ainsi, il ne peut se déclarer incompétent pour statuer sur la qualification prétendue privée des deniers irrégulièrement maniés, question dont la solution commande l'exercice de sa juridiction.

Toutefois, certaines questions sont réservées par la loi à la compétence exclusive du juge civil. En ces cas seulement, il y a lieu à renvoi à ce juge pour solution des questions préjudicielles. Ainsi en serait-il de la dénégation de la qualité d'héritiers des comptables de fait ou de l'exception de propriété de biens immobiliers dont les revenus, s'ils étaient publics, feraient l'objet d'une gestion de fait. Lorsque des pièces soumises au juge des comptes sont arguées de faux, il peut y statuer lui-même si ce sont des écritures privées (N. C. proc. civile, art. 285, premier alinéa) ; mais si ce sont des écritures authentiques comme les actes notariés, il doit renvoyer leur examen au juge civil (même code, art. 286, deuxième alinéa), pour autant que la sincérité ou l'insincérité de ces pièces commande son propre jugement (art. 313, premier alinéa).

C. Délimitation à l'égard du juge répressif

L'ingérence dans la perception des recettes publiques et l'extraction irrégulière de fonds ou de valeurs sont, au moins lorsque leurs auteurs sont entièrement étrangers aux fonctions publiques, constitutives du délit d'usurpation de ces fonctions (C. pénal, art. 258 ; N. C. pénal, art. 433-12). Elles peuvent être préparées ou dissimulées par des faux en écritures publiques (C. pénal, art. 145 à 148 ; N. C. pénal, art. 441-2 à 441-7). Enfin, si les fonds ou valeurs irrégulièrement perçus ou extraits ne sont pas conservés ou utilisés à des dépenses publiques, mais appropriés par les percepteurs ou extracteurs irréguliers, ceux-ci se rendent coupables de détournement de deniers publics (C. pénal, art. 169 à 172 ; N. C. pénal, art. 432-15). La connaissance de toutes ces infractions appartient au juge répressif. Ce n'est qu'à défaut de poursuites devant ce juge que l'ingérence ou l'extraction irrégulières peuvent être réprimées par le juge des comptes (v. ci-après, chap. VI, sect. 2).

Mais la compétence du juge répressif ne concerne que la répression et laisse intacte la compétence du juge des comptes pour statuer sur l'action en reddition de compte de la gestion des deniers irrégulièrement maniés, laquelle a pour objet la responsabilité pécuniaire personnelle des comptables de fait. La loi du 23 février 1963 (art. 60-XI) édicte expressément que l'ingérence dans la perception des recettes publiques et l'extraction irrégulière des fonds et autres valeurs publiques sont constitutives de gestion de fait « nonobstant les poursuites qui pourraient être exercées devant les tribunaux répressifs ».

De ce que l'action en reddition de compte de la gestion des deniers publics n'est pas une action civile suit que la règle que le criminel tient le civil en l'état (C. proc. pénale, art. 4, deuxième alinéa) n'est pas applicable dans les relations entre le juge répressif et le juge des comptes : l'ouverture de poursuites pénales ne peut ni arrêter, ni suspendre la reddition de compte. Toutefois, lorsque des pièces produites au juge des comptes font l'objet d'une action criminelle pour faux, ce juge ne peut statuer sur la valeur de ces pièces et doit attendre la décision du juge répressif (N. C. proc. civile, art. 312), pour autant que la sincérité ou l'insincérité de ces pièces commande son propre jugement (art. 313, premier alinéa).

L'action en répression et l'action en reddition de compte étant indépendantes l'une de l'autre, des poursuites ou même des condamnations pénales pour crimes ou délits relatifs à la gestion des deniers publics n'entraînent pas nécessairement déclaration de gestion de fait, si les conditions n'en sont pas réunies, et réciproquement, la déclaration de gestion de fait n'est pas empêchée par l'absence de poursuites ou de condamnations pénales, notamment pour défaut d'intention de nuire, alors que la considération de l'intention est sans conséquence sur l'existence et l'imputation d'une gestion de fait (v. ci-avant chap. II, III), échéance de la prescription criminelle ou correctionnelle, alors que l'action de gestion de fait n'est soumise qu'à la prescription trentenaire (v. ci-après, chap. IV, II), ou amnistie, qui prive seulement les faits constatés de sanction pénale.

L'indépendance des deux ordres de juridiction n'implique pas qu'ils s'ignorent : les constatations faites par le juge répressif peuvent être communiquées au juge des comptes soit en cours d'instruction, soit après jugement, pour fonder l'action de gestion de fait, alors même que l'instruction se serait terminée par un non-lieu ou le jugement par un acquittement, les mêmes faits étant susceptibles de qualifications différentes en droit pénal et en droit financier ; réciproquement, les commissaires du Gouvernement près les chambres régionales des comptes doivent dénoncer aux procureurs de la République les agissements constitutifs de gestion de fait qui seraient aussi constitutifs de crimes ou de délits.

II. DÉLIMITATION DE COMPÉTENCE ENTRE LES ORGANES DE LA JURIDICTION DES COMPTES

Les gestions de fait sont soumises aux mêmes juridictions que les gestions de droit. Ce principe, autrefois posé par le décret du 31 mai 1862 (art. 25, deuxième alinéa) avait alors pour conséquence une répartition de compétence entre la Cour des comptes et les conseils de préfecture. Le décret-loi du 8 août 1935, qui avait retiré aux conseils de préfecture leur juridiction comptable, avait fait de la Cour le seul juge tant des gestions de droit que des gestions de fait. L'institution des chambres régionales des comptes, juges de plein exercice des comptes locaux, a entraîné le rétablissement du principe antérieur (loi du 23 février 1963, art. 60-XI, troisième alinéa, mod. par la loi du 10 juillet 1982, art. 22). Ces chambres sont donc seules compétentes pour connaître des gestions de fait des deniers des collectivités locales et des établissements publics locaux.

La même répartition de compétence s'appliquait autrefois entre la Cour des comptes et les conseils privés des colonies. Les chambres territoriales des comptes sont à présent seules compétentes pour connaître des gestions de fait des deniers des collectivités locales et des établissements publics locaux des territoires d'outre-mer.

Le transfert de la totalité des comptes des collectivités locales et établissements publics locaux à la juridiction des chambres régionales et territoriales des comptes a été suivi de dispositions réglementaires transitoires qui ont conféré compétence à ces chambres pour connaître des gestions de fait affectant les deniers de ces collectivités ou établissements qui se seraient poursuivies au-delà du 31 décembre 1982, en ce qui concerne les chambres régionales, et du 31 décembre 1987 (Nouvelle-Calédonie) ou du 31 décembre 1990 (Polynésie française), en ce qui concerne les chambres territoriales.

Si une gestion de fait affecte les deniers d'organismes dont la gestion de droit relève de juges différents, il y a lieu à partage de compétence entre ces juges suivant l'appartenance des deniers irrégulièrement maniés. S'il était impossible de distinguer les opérations entre ces organismes (gestion dite confuse), la compétence de la Cour des comptes, juge de droit commun, s'exercerait pour le tout.

Lorsque, par dérogation à la compétence légale du juge des comptes, les comptes de gestion de droit de deniers publics sont rendus à d'autres autorités, la connaissance des gestions de fait correspondantes appartient aux mêmes autorités. Tel était, au siècle dernier, le cas des gestions de fait des deniers des fabriques, établissements publics du culte, dont le contentieux ressortissait, jusqu'à la loi du 26 janvier 1892, au juge judiciaire, état de droit qui subsiste dans les départements du Bas-Rhin, du Haut-Rhin et de la Moselle.

DÉCLARATION DE GESTION DE FAIT

La gestion de fait soustrait les opérations financières qui en sont l'objet aux formes budgétaires et comptables instituées pour la protection des deniers publics : autorisation préalable des recettes et des dépenses, séparation des ordonnateurs et des comptables, reddition des comptes, dont la méconnaissance est sanctionnée par la responsabilité personnelle des opérateurs (v. ci-avant, chap. I, sect. 1). L'action de gestion de fait vise au rétablissement de ces formes budgétaires et comptables, de façon à remettre les choses au même ou semblable état où elles auraient dû être si ces formes avaient été observées, et à sanctionner la responsabilité pécuniaire des comptables de fait à raison des opérations non régularisées.

Les agissements constitutifs de gestion de fait rendent leurs auteurs comptables et comme tels, virtuellement justiciables du juge des comptes, auquel il incombe de veiller à la régularisation de leurs opérations et de sanctionner leur responsabilité. Néanmoins, si ces agissements peuvent être régularisés avant même que la gestion de fait n'ait été constatée et déclarée par le juge, celui-ci est alors dispensé d'entreprendre ou de poursuivre une action qui serait désormais frustratoire et même vexatoire. Ce n'est qu'en l'impossibilité ou à défaut de cette régularisation que le juge doit se saisir de la gestion de fait pour l'apurer par la voie juridictionnelle.

I. PROCÉDURE PRÉJUDICIELLE : LA RÉGULARISATION DE LA GESTION DE FAIT

Les agissements constitutifs de gestion de fait peuvent être régularisés soit par la restitution des fonds ou valeurs détournés, qui remet les choses au même ou semblable état où elles auraient été si ces agissements n'avaient pas eu lieu, soit par la réintégration des opérations irrégulières dans la comptabilité de droit, soit enfin par la collation rétroactive de l'habilitation qui faisait défaut aux manutenteurs irréguliers.

– La perception sans habilitation de recettes publiques ou l'extraction irrégulière de fonds ou valeurs peuvent être régularisées par reversement aux comptables de droit. Ainsi, lorsque des recettes publiques perçues sans habilitation ont été reversées aux comptables qui en étaient les destinataires réguliers, il n'y a plus de gestion de fait. De même, lorsque des fonds ayant été irrégulièrement extraits des caisses publiques, les manutenteurs en ont été déclarés provisoirement comptables de fait, et que ces fonds sont reversés aux comptables qui les avaient décaissés, la déclaration provisoire de gestion de fait n'est pas maintenue. Mais lorsque les fonds irrégulièrement perçus ou extraits ont été employés, ne serait-ce que pour partie, en dépenses, le reversement du seul reliquat ne peut dispenser de rendre compte, alors même que les dépenses auraient été approuvées par les conseils délibérants, car leur réalité et leur régularité doivent être reconnues par le juge avant qu'elles puissent être allouées à la décharge de ceux qui les ont faites. Si le reversement, même intégral, n'a lieu qu'après que les manutenteurs irréguliers ont été déclarés définitivement comptables de fait, il peut seulement être admis à leur décharge (v. ci-après, chap. V, sect. 3).

– Alors même que la perception sans habilitation ou l'extraction irrégulière ont été suivies d'emploi des fonds ou valeurs, la gestion de fait peut être régularisée si les comptables publics sous le contrôle et pour le compte desquels ces opérations auraient dû être faites acceptent de les reprendre et d'en rendre compte au juge sous leur propre responsabilité, ce qui suppose évidemment qu'eux-mêmes les estiment régulières au fond.

Cette ratification, selon un principe juridique classique, équivaut à un mandat rétroactif : les percepteurs ou extracteurs trouvent ainsi l'habilitation qui leur faisait défaut et le juge se voit soumettre les opérations qui avaient été soustraites à son contrôle, qu'il n'y a donc plus lieu d'appréhender par la procédure de gestion de fait. Mais si les comptables de droit, en reprenant les opérations pour ordre, en déclinent la responsabilité, les manutenteurs irréguliers restent tenus d'en rendre compte personnellement. Si une partie seulement des opérations a été reprise par les comptables de droit ou si les manutenteurs irréguliers ont retenu les fonds non employés, ils restent comptables de fait des opérations non reprises ou du reliquat retenu.

– L'insuffisance ou le défaut d'habilitation au maniement des deniers publics ou des deniers privés réglementés peuvent être réparés si cette habilitation est complétée ou conférée rétroactivement. La collation de la qualité de mandataire par ratification (v. ci-avant) en est un premier cas. De même, lorsque des régisseurs ont été irrégulièrement désignés et ne peuvent donc exciper d'une habilitation valable, leur désignation ultérieure régulière avec effet rétroactif leur confère l'habilitation qui leur faisait défaut. De même encore, lorsque des traités d'adjudication ou de concession temporaire de services publics qui habilitaient au maniement des deniers publics sont venus à expiration, leur renouvellement avec un effet stipulé rétroactif remet les adjudicataires ou concessionnaires en situation régulière.

Si la gestion de fait n'est pas susceptible de régularisation, elle doit être soumise au juge des comptes. La reddition des comptes de gestion des deniers publics étant l'exécution d'un principe constitutionnel (Déclaration des droits du 26 août 1789, art. 15), la juridiction de ce juge est d'ordre public : elle est obligatoire tant pour les comptables de fait, qui ne peuvent s'y soustraire par des transactions avec les collectivités ou établissements publics intéressés, que pour le juge lui-même, qui, après avoir constaté l'existence d'une gestion de fait, ne peut, par simple commodité, se dispenser d'en connaître.

II. PROCÉDURE DE LA DÉCLARATION DE GESTION DE FAIT

Le juge des comptes n'a pour justiciables que les comptables des deniers publics, de droit ou de fait. La qualité des premiers résulte de leur nomination par l'administration. La qualité des seconds doit être reconnue et déclarée par le juge.

L'action en déclaration de gestion de fait n'est ni une assignation en responsabilité civile, ni une accusation pénale. Elle a pour seule fin d'assujettir les comptables de fait reconnus tels à la juridiction du juge des comptes et aux obligations et à la responsabilité des comptables de deniers publics, lesquelles sont régies non par le droit civil, mais par le droit public ; la répression qui peut s'y ajouter est une suite facultative pour le juge, qui l'exerce suivant une procédure distincte (v. ci-après, chap. VI, sect. 2). La convention européenne des droits de l'homme, qui ne vise que les instances civiles ou pénales, ne lui est donc pas applicable, et elle n'est pas sujette à la prescription criminelle ou correctionnelle ni à l'amnistie. Ce n'est pas davantage une poursuite disciplinaire ; elle peut donc s'exercer concurremment avec celle-ci.

A. Initiative

Les agissements présumés constitutifs de gestions de fait dont la connaissance appartient aux chambres régionales des comptes sont dénoncés par les préfets, par les trésoriers-payeurs généraux ou par les procureurs de la République aux commissaires du Gouvernement, qui les défèrent à ces chambres avec leurs réquisitions. Les commissaires du Gouvernement peuvent aussi saisir les chambres de leur propre initiative. Une jurisprudence ancienne et constante admet l'action des représentants légaux des collectivités locales affectées par la gestion de fait ou, à leur défaut, des contribuables communaux à ce autorisés. Enfin, la reddition des comptes de gestion des deniers publics étant d'ordre public, les chambres elles-mêmes peuvent étendre la procédure à des agissements autres que ceux qui leur ont été dénoncés ou même, au vu des constatations faites dans l'exercice de leur contrôle, qu'il soit juridictionnel ou extrajuridictionnel, entreprendre d'office une procédure de déclaration de gestion de fait.

Les simples particuliers ne sont pas autorisés à saisir le juge des comptes, qui n'a donc pas à statuer sur les demandes ou dénonciations qu'ils lui adresseraient ; mais elles pourraient être reprises par les commissaires du Gouvernement.

En outre, les comptables de fait eux-mêmes peuvent spontanément s'avouer justiciables du juge des comptes en lui présentant leurs comptes, ce qui ne dispense pas ce juge de vérifier cet aveu et d'affirmer sa juridiction par une déclaration expresse.

À défaut de disposition spéciale, l'action en déclaration de gestion de fait n'est soumise qu'à la prescription trentenaire de droit commun.

B. Instruction

L'instruction sur les agissements susceptibles d'être qualifiés de gestion de fait est attribuée à des rapporteurs appartenant aux chambres régionales des comptes, qui la font suivant les règles ordinaires applicables à cet ordre de juridiction, par examen des dénonciations, du réquisitoire ou des comptes et des pièces qui les appuient, puis par demandes de documents ou de renseignements complémentaires, enfin, s'il est nécessaire, par vérifications ou auditions sur place.

Les rapports qui traitent de déclaration ou de non-lieu à déclaration de gestion de fait sont communiqués aux commissaires du Gouvernement, qui les renvoient avec leurs conclusions.

Ces rapports, qui exposent les constatations et propositions personnelles des rapporteurs, lesquels participeront ultérieurement à la délibération, ne peuvent être communiqués aux parties, qui autrement connaîtraient ainsi, en violation du secret des délibérations, l'opinion personnelle de l'un des juges ; la contradiction, lorsqu'elle est nécessaire, est, on va le voir (ci-après, D.), assurée par une autre voie. Il en est de même des conclusions des commissaires du Gouvernement, lesquels, au moins dans les instances qu'ils n'ont pas introduites, ne sont pas les parties adverses des comptables de fait supposés, qui n'ont donc pas à leur répondre, mais, comme les commissaires du Gouvernement en matière administrative contentieuse ou les procureurs de la République en matière civile, expriment de simples avis sans conséquences nécessaires ; ce n'est qu'après le jugement rendu que ces conclusions pourront être communiquées aux parties ou même rendues publiques.

C. Charge de la preuve

C'est aux dénonciateurs officiels, aux représentants légaux des collectivités ou des établissements publics intéressés, au commissaire du Gouvernement ou à la chambre régionale des comptes elle-même à faire la preuve de l'existence d'une gestion de fait et de son imputation à ceux qui en sont prétendus auteurs. Cette preuve résulte le plus souvent des documents écrits produits à l'appui des dénonciations, du réquisitoire ou des comptes de droit, mais elle peut aussi résulter des documents ou des renseignements recueillis à l'instruction. Il peut même être suppléé à l'absence de preuves par des présomptions, pourvu que celles-ci soient graves, précises et concordantes. De simples allégations qui ne sont appuyées ni de preuves, ni de présomptions, ne peuvent fonder une déclaration de gestion de fait. En l'insuffisance de preuves ou de présomptions, le doute profite aux prétendus comptables de fait.

D. Règle du double jugement

La procédure devant les chambres régionales des comptes est essentiellement écrite. Cette règle, établie à l'origine pour le jugement des comptes (v. ci-après, chap. V, sect. 3), a été étendue à la déclaration de gestion de fait. Les parties ne sont donc pas citées à l'audience ; si, comme on le verra, la possibilité leur a été récemment ouverte de demander à y paraître pour présenter des observations orales, celles-ci ne peuvent que compléter leurs réponses écrites.

La conciliation entre l'absence des parties à l'audience et la contradiction préalable indispensable à une justice réglée est assurée par une procédure spéciale à la juridiction des comptes, celle du double jugement : par un premier jugement, provisoire, la chambre fait connaître à son justiciable les charges élevées contre lui et lui enjoint de s'en justifier ; par un second jugement, définitif, elle statue sur la valeur des justifications produites et en conséquence, confirme ou infirme sa décision provisoire.

La règle du double jugement, destinée à établir la contradiction entre le juge des comptes et son justiciable, s'applique au débat contentieux sur la déclaration de gestion de fait, dès lors qu'il peut en résulter des obligations à la charge du second.

Lorsque la chambre, saisie par l'intermédiaire du commissaire du Gouvernement, estime, à première vue ou après instruction, qu'il n'existe pas de gestion de fait ou que la prévention contre celui qui en est prétendu auteur n'est pas suffisamment établie, elle refuse de procéder par un jugement qui, mettant fin à l'instance, est immédiatement définitif, sans même qu'aient été mises en cause des parties restées éventuelles. Si elle n'avait pas été saisie et s'abstient seulement de procéder d'office, sa décision reste purement interne et n'est pas exprimée, ce qui lui laisse la faculté d'ouvrir ultérieurement une instance sans se heurter à l'autorité de la chose jugée.

Lorsque, au contraire, la chambre estime, au vu des preuves ou des présomptions produites à l'appui des dénonciations ou du réquisitoire ou recueillies à l'instruction, qu'il y a gestion de fait et que la prévention contre l'auteur prétendu est suffisamment établie, elle le déclare par un jugement qui, emportant pour le comptable présumé les obligations et la responsabilité d'un comptable public, est nécessairement provisoire.

Toutefois, lorsque le comptable de fait s'est spontanément avoué tel par la présentation de son compte, la discussion contradictoire n'a pas lieu d'être et la gestion de fait peut être immédiatement déclarée par jugement définitif.

Lorsque pour les mêmes faits la chambre met en cause certaines parties et hors de cause certaines autres, le jugement est provisoire à l'égard des premières et définitif à l'égard des secondes.

Le jugement provisoire et le jugement définitif sont deux décisions distinctes, quoique complémentaires. Ils ne sont donc pas nécessairement rendus par les mêmes juges, et même les parties pourraient avoir intérêt à ce qu'ils ne le fussent pas, afin que les nouveaux juges ne puissent être suspectés de prévention envers elles.

La déclaration de gestion de fait

Cour des comptes, 26 juin 1899, commune d'Augé (Deux-Sèvres)
(*Recueil de jurisprudence de la Cour des comptes,* p. 149)

La Cour,

Vu l'arrêt du 25 mai 1897 portant admission en la forme de la requête présentée par le sieur Vandier, ancien maire de la commune d'Augé, département des Deux-Sèvres, contre un arrêté du conseil de préfecture en date du 3 avril 1896 ;

Vu les pièces et documents produits à l'appui du pourvoi et notamment :

1° l'arrêté provisoire du 28 novembre 1894 du même conseil de préfecture qui a déclaré le sieur Vandier comptable de fait ;

2° l'arrêté du préfet en date du 26 juin 1895 qui a nommé le sieur Arnault, percepteur à Saint-Maixent, commis d'office à l'effet de procéder à la reddition du compte en lieu et place du sieur Vandier ;

3° L'arrêté du préfet en date du 2 décembre 1895 qui a statué sur les délibérations du conseil municipal d'Augé à l'effet de déterminer les dépenses faites dans un intérêt communal ;

4° l'arrêté provisoire du conseil de préfecture en date du 20 décembre 1895 rendu sur le compte établi et signé par ledit sieur Arnault, commis d'office ;

5° l'arrêté du même conseil en date du 3 avril 1896 statuant définitivement dont est appel ;

Vu les lois et règlements concernant le jugement des comptes de deniers publics et les pourvois en appel devant la Cour, notamment la loi du 28 pluviôse an III, l'arrêté des consuls du 29 frimaire an IX, les lois des 16 septembre 1807, 18 juillet 1837 et 5 avril 1884, l'ordonnance du 28 décembre 1830 et le décret du 31 mai 1862 ;

Vu les conclusions du procureur général de la République ;

Ouï en leurs rapports et observations MM. de Senneville, conseiller référendaire, et Albert Petit, conseiller maître ;

Considérant qu'aux termes de la loi du 28 pluviôse an III, chapitre II, article 14, et de l'arrêté des consuls du 29 frimaire an IX, article 2, toute charge imposée à un comptable par le juge des comptes ne devient définitive qu'autant qu'elle a été confirmée par une deuxième décision rendue après discussion par le comptable de la charge qui lui incombe ou après l'expiration d'un délai de deux mois ;

Considérant que dans toute comptabilité, le compte constitue l'objet même du jugement et qu'il ne peut être statué par le juge des comptes que sur un compte présenté soit par le comptable lui-même, soit en son nom, ou dressé, s'il refuse ou néglige de présenter ce compte, par un commis d'office régulièrement nommé ;

Considérant que l'arrêté du conseil de préfecture des Deux-Sèvres en date du 28 novembre 1894 qui déclarait le sieur Vandier comptable de fait des deniers de la commune d'Augé, déclaration dont le bien-fondé était contesté par ce dernier, n'avait qu'un caractère provisoire et que l'obligation de rendre compte de ces deniers imposée au sieur Vandier ne devenait définitive qu'autant qu'elle eût été confirmée par une deuxième décision du juge des comptes ;

Considérant que cette deuxième décision n'était pas intervenue lorsqu'un compte a été présenté au nom du sieur Vandier par le sieur Arnault, commis d'office ; que, le sieur Vandier n'ayant pas été définitivement déclaré comptable des deniers de la commune d'Augé, personne ne pouvait lui être substitué pour rendre compte à sa place et pour satisfaire à une obligation qui ne s'imposait pas encore à lui d'une façon définitive ; qu'il s'ensuit que le sieur Arnault ne pouvait avoir qualité régulière pour dresser un compte en lieu et place du sieur Vandier ; que les arrêtés du conseil de préfecture des 20 décembre 1895 et 3 avril 1896 rendus sur les comptes présentés par Arnault manquent donc de la base essentielle de tout jugement, qui est un compte régulièrement établi, et doivent être réputés de nul effet ;

Considérant qu'on ne saurait objecter que le sieur Vandier a couvert cette irrégularité en discutant sur d'autres points l'arrêté provisoire du 28 novembre 1894 ; qu'en effet, l'arrêté définitif du 3 avril 1896 ne vise d'autre contestation de Vandier que l'avis donné par lui au conseil de préfecture de son pourvoi à la Cour contre l'arrêté préfectoral du 2 décembre 1895 ;

Par ces motifs,

ORDONNE ce qui suit :

Les arrêtés du conseil de préfecture des Deux-Sèvres en date des 20 décembre 1895 et 3 avril 1896 sont déclarés nuls et de nul effet.

Sont renvoyées au préfet des Deux-Sèvres les pièces par lui communiquées et à l'appelant les pièces qu'il a produites à l'appui de sa requête.

1° JUGEMENT PROVISOIRE

Le jugement provisoire déclaratif de gestion de fait doit être motivé de façon que le comptable de fait déclaré ait connaissance suffisante des agissements qui lui sont reprochés pour pouvoir utilement les discuter. Il énonce les opérations constitutives de cette gestion, sans en fixer le montant, si ce n'est de façon purement indicative, afin de ne pas préjuger du règlement du compte, et celui qui en est présumé comptable, et lui impartit un délai, qui ne peut être inférieur à un mois, pour discuter sa qualification ou à défaut, pour rendre le compte de sa gestion et se vider les mains des fonds et valeurs dont il serait encore rétentionnaire entre celles du comptable de droit.

2° Notification

Le jugement provisoire déclaratif est notifié au comptable de fait par le secrétaire général de la chambre régionale au moyen d'une lettre recommandée avec avis de réception. La notification irrégulière ne fait pas courir le délai de réponse ; elle doit être réitérée, à défaut de quoi cette irrégularité entraînerait la nullité de la procédure ultérieure.

Le jugement déclaratif est d'autre part notifié par le secrétaire général de la chambre régionale au représentant légal de la collectivité ou de l'établissement public intéressé. Si le destinataire est le comptable de fait présumé, la notification doit être faite à son suppléant légal.

3° Réponses

Le comptable de fait présumé est tenu de répondre au jugement déclaratif dans le délai qui lui a été imparti. Ce délai ne peut être abrégé, mais il peut être prorogé par le président de la chambre. Si le comptable présumé n'a pas répondu dans le délai imparti, la procédure peut être poursuivie ; néanmoins, sa réponse serait encore recevable et devrait être examinée aussi longtemps que le jugement définitif n'aurait pas été rendu.

Si le comptable de fait demande à prendre communication des pièces auxquelles le jugement fait référence, ces pièces lui sont communiquées au greffe de la chambre régionale ; il peut en prendre copie à ses frais.

Le représentant légal de la collectivité ou de l'établissement public intéressé a la faculté de présenter non des réponses à une déclaration qui ne l'interpelle pas, mais des observations écrites, auxquelles le juge aura tel égard que de raison. Si, comme il est habituel, il s'en abstient, la discussion a lieu entre le juge et son justiciable seul.

Lorsqu'une même gestion de fait a plusieurs coauteurs, les réponses au jugement déclaratif provisoire faites par chacun d'eux, qui peuvent comporter des moyens ou arguments qui les affectent tous, doivent être communiquées aux autres, ainsi qu'au représentant légal de la collectivité ou de l'établissement public intéressé ou, s'il est lui-même présumé comptable de fait, à son suppléant.

4° Audition

Le comptable de fait présumé peut demander à compléter ses réponses écrites par des observations orales présentées à l'audience (C. jur. fin., art. L 231-3, deuxième alinéa). En ce cas, il est averti du jour et de l'heure de cette audience. Il peut s'y faire assister ou représenter par un avocat (C. jur. fin., art. L 241-12). Après l'avoir entendu, la chambre passe à la délibération.

5° Jugement définitif

Si le comptable de fait présumé a acquiescé à la déclaration provisoire par la présentation de son compte sans restrictions ni réserves, cette déclaration peut être rendue définitive. Si au contraire, même en présentant son compte, il a élevé des objections, celles-ci doivent être discutées ; à plus forte raison s'il a refusé de présenter son compte. Si ces objections sont reconnues fondées, il est mis définitivement hors de cause ; si elles sont réfutées, la déclaration provisoire est rendue définitive. S'il n'a pas répondu dans le délai imparti, la déclaration provisoire peut être rendue définitive.

Lorsque la réponse du comptable de fait présumé ou les documents ou renseignements recueillis depuis le jugement provisoire révèlent de nouvelles opérations irrégulières ou de nouveaux participants à ces opérations, la déclaration de gestion de fait est étendue à ces opérations ou à ces participants, mais ces dispositions nouvelles sont par là même provisoires. Lorsque, au contraire, les documents ou renseignements recueillis depuis le jugement provisoire font apparaître qu'il n'existe pas de gestion de fait ou que le comptable de fait présumé n'en est pas l'auteur, la chambre, en dépit même de son acquiescement, le met définitivement hors de cause.

Si la déclaration provisoire de gestion de fait avait mis en cause plusieurs parties, le jugement définitif peut être confirmatif à l'égard de certaines d'entre elles et infirmatif à l'égard de certaines autres.

Le jugement définitif est notifié dans les mêmes formes que le jugement provisoire. Cette notification fait courir les délais de pourvoi (v. ci-après, chap. VII).

III. EFFETS DE LA DÉCLARATION DE GESTION DE FAIT

A. Autorité de la chose jugée

Le jugement définitif de déclaration de gestion de fait a l'autorité de la chose jugée, qui fait notamment obstacle à ce que la qualification du comptable de fait soit remise en question lors du jugement du compte.

Cette autorité a lieu dans les conditions de droit commun (C. civil, art. 1351), c'est-à-dire, cumulativement, à l'égard des agissements qu'il énonce et des parties qu'il désigne, mais, comme on l'a vu (ci-avant, sect. 2, D., 5°), elle ne fait pas obstacle à ce que les mêmes agissements soient ultérieurement imputés à d'autres parties ni à ce que les mêmes parties se voient ultérieurement imputer d'autres agissements.

Le jugement définitif de déclaration de gestion de fait est exécutoire, pour autant qu'il y a nécessité d'exécution forcée, nonobstant les pourvois qui pourraient être introduits, lesquels n'en suspendent pas l'exécution, sauf sursis ordonné par le juge saisi du pourvoi (v. ci-après, chap. VII).

B. Effets à l'égard des héritiers des comptables de fait

Si les comptables de fait sont décédés, les obligations et responsabilités résultant de leur gestion, qui sont essentiellement pécuniaires, passent à leurs héritiers, tenus des charges et dettes de la succession (C. civil, art. 870 et 873), sauf si ne l'ont acceptée que sous bénéfice d'inventaire (C. civil, art. 793) ou y ont renoncé (art. 784). C'est dès lors envers eux que la procédure est entreprise ou poursuivie. Si les obligations et responsabilités des comptables qui ont géré conjointement étaient purement et simplement solidaires entre eux, cette solidarité cesserait à leur décès et leurs héritiers ne seraient tenus que pour leur part respective de la succession (C. civil, art. 872) ; mais si ces obligations et responsabilités sont indivisibles, cette indivisibilité persiste entre les héritiers (C. civil, art. 1223) : or la jurisprudence, tout en alléguant hors de propos la solidarité, qui aurait entraîné la solution contraire, s'est prononcée en ce dernier sens.

Si les comptables de fait sont décédés postérieurement au jugement déclaratif de gestion de fait, celui-ci, moyennant notification à leurs héritiers, est exécutoire contre ces derniers (C. civil, art. 877).

C. Absence d'effets à l'égard des tiers

Les jugements du juge des comptes n'ont d'effets qu'envers les comptables. Les parties qui n'ont pas été déclarées comptables ne peuvent voir leur responsabilité discutée devant ce juge.

OBLIGATIONS ET RESPONSABILITÉ DES COMPTABLES DE FAIT

5

Les manutenteurs non habilités de deniers publics ou de deniers réglementés déclarés définitivement comptables de fait sont comme tels assujettis aux mêmes obligations et à la même responsabilité que les comptables publics auxquels ils se sont irrégulièrement substitués (loi du 23 février 1963, art. 60-XI, troisième alinéa). Cette assimilation légale domine la matière et supplée au silence ou à l'incertitude d'autres dispositions.

I. INCOMPATIBILITÉS ET INÉLIGIBILITÉS

C'est, on l'a vu, un principe fondamental de notre organisation financière que les fonctions des administrateurs ou ordonnateurs sont incompatibles avec celles des comptables. Les administrateurs ou ordonnateurs déclarés définitivement comptables de fait se trouvent par là même en situation d'incompatibilité.

Les élus locaux ont vocation à devenir ordonnateurs, en qualité de présidents des conseils régionaux ou des conseils généraux des départements ou de maires des communes ; alors même qu'ils ne seraient pas ordonnateurs, ils sont, en qualité de membres des conseils délibérants, appelés à surveiller la gestion des comptables de ces collectivités, qui doivent notamment leur communiquer leurs comptes annuels de gestion, et comme tels, soumis à l'incompatibilité édictée par la loi du 24 vendémiaire an III (titre II, art. 1er et 3) entre les fonctions de gestion des deniers publics et de surveillance de cette même gestion. Afin d'assurer par avance cette incompatibilité, les comptables des deniers des collectivités locales sont inéligibles aux conseils délibérants de ces collectivités (C. électoral, art. L 195, 11°, L 231, 6°, et L 340, 1°). En vertu de l'assimilation légale, cette inéligibilité s'applique aux comptables de fait, depuis qu'ils ont été déclarés tels par le jugement définitif jusqu'à ce qu'ils aient cessé de l'être par le jugement qui les a quittés de leur gestion, et même durant les six mois suivants (même code, mêmes articles) : ce délai, qui a sa raison d'être pour les comptables de droit, qu'on peut soupçonner vouloir se concilier les électeurs en s'abstenant d'exercer des poursuites pour le recouvrement des impôts, ne l'a pas pour les comptables de fait, auxquels cette qualité ne confère pas une influence supérieure à celle qu'ils auraient déjà comme élus locaux ; sa suppression éviterait une inéligibilité qui, depuis la délivrance du quitus, n'est plus justifiée.

Lorsque des élus en fonctions sont déclarés comptables de fait, ils devraient, pour satisfaire à l'incompatibilité, cesser d'exercer leurs fonctions et ne les reprendre qu'après que leur gestion aura été apurée. Le Code électoral, par assimilation indistincte entre inéligibilités et incompatibilités, les soumet à la déchéance de leurs fonctions (C. électoral, art. L 205, L 236 et L 341), qu'ils ne peuvent reprendre, après que la cause de l'incompatibilité a disparu, qu'en vertu d'une nouvelle élection. Cette rigueur a été tempérée par la loi du 26 juillet 1991 (art. 41), qui a disposé que les élus locaux déclarés comptables de fait ont, à partir de l'expiration du délai qui leur avait été imparti pour rendre leur compte, un délai de six mois pour obtenir quitus de leur gestion ; ce n'est que faute de l'avoir obtenu qu'ils sont, alors seulement, déchus de leurs fonctions. Mais cette disposition est doublement inadéquate : elle laisse en fonctions, en dépit de l'incompatibilité, des élus déclarés comptables de fait, et elle continue de frapper ceux qui, après l'expiration du délai imparti, ont obtenu leur quitus, alors que l'incompatibilité a ainsi cessé d'exister. La substitution de la suspension temporaire à la déchéance définitive établirait la cohérence entre la cause et la conséquence : les élus locaux déclarés comptables de fait cesseraient d'exercer leurs fonctions et seraient provisoirement remplacés par leurs suppléants légaux ; le quitus décerné, ils les reprendraient sans nouvelle élection.

L'inéligibilité des comptables de fait

Conseil d'État, 1er déc. 1922, élections municipales de Nivolas-Vermelle (Isère)

(*Recueil Lebon*, 1922, p. 897)

LE CONSEIL D'ÉTAT statuant au contentieux,

Vu la requête présentée par le sieur Douillet en appel contre un arrêté du conseil de préfecture de l'Isère en date du 18 juillet 1921 par lequel celui-ci a annulé l'élection du requérant comme conseiller municipal et maire de la commune de Nivolas-Vermelle ;

Vu la loi du 24 mai 1872 ;

Vu la loi du 5 avril 1884 ;

Ouï M. Comolet-Tirman, auditeur, en son rapport, Me Louarre, avocat au Conseil, en ses observations orales et M. Tartière, auditeur, commissaire adjoint du Gouvernement, en ses conclusions ;

Considérant qu'aux termes de l'article 33-5° de la loi du 5 avril 1884, « ne sont pas éligibles, dans le ressort où ils exercent leurs fonctions... 5° les comptables de deniers communaux... » et qu'aux termes de l'article 155 de la même loi, « toute personne autre que le receveur municipal qui, sans autorisation légale, se serait ingérée dans le maniement des deniers de la commune, sera, par ce seul fait, constituée comptable et pourra en outre être poursuivie, en vertu du Code pénal, comme s'étant immiscée sans titre dans les fonctions publiques » ;

Considérant que, par arrêté du 15 janvier 1914, le conseil de préfecture de l'Isère a jugé que le sieur Douillet s'était immiscé sans autorisation dans le maniement des deniers de la commune de Nivolas-Vermelle et l'a déclaré comptable occulte ; qu'il résulte de l'arrêté du même conseil de préfecture en date du 24 juin 1921 qu'à cette dernière date, le sieur Douillet n'avait pas apuré son compte de gestion et demeurait redevable vis-à-vis de ladite commune d'une somme de 1.033 fr. 57 ; que le requérant n'établit pas que cette situation eût pris fin le 26 juin 1921, date à laquelle il a été élu conseiller municipal ; qu'il soutient seulement s'être pourvu contre l'arrêté précité, en date du 24 juin 1921, par lequel le conseil de préfecture a statué sur son compte ;

Mais considérant que l'appel, n'ayant pas un effet suspensif, ne fait pas obstacle à l'exécution de l'arrêté du 24 juin 1921 ; que par suite, c'est à bon droit que le conseil de préfecture de l'Isère a, par son arrêté du 18 juillet 1921, annulé l'élection du sieur Douillet comme conseiller municipal et maire de la commune de Nivolas-Vermelle ; qu'ainsi, le requérant n'est pas fondé à demander l'annulation dudit arrêté ;

DÉCIDE :

Article premier – La requête du sieur Douillet est rejetée.

Art. 2 – Le sieur Douillet supportera les dépens.

II. HYPOTHÈQUE

Les comptables de fait ne peuvent être astreints, comme les comptables de droit, à constituer un cautionnement avant d'entrer en fonctions, mais leurs biens immeubles sont passibles de l'hypothèque légale des organismes publics intéressés (C. civil, art. 2121, 3°).

Cette hypothèque, légale dans son principe, est judiciaire dans son application, puisqu'elle ne peut être inscrite qu'après que les comptables de fait ont été déclarés tels. Son inscription était autrefois ordonnée dès la déclaration de gestion de fait sur tous les biens présents et à venir, sans limitation. Depuis le décret-loi du 4 janvier 1955, l'hypothèque doit être prise pour un montant déterminé : si ce montant peut être fixé dès la déclaration de gestion de fait, au vu des documents et renseignements alors disponibles, l'inscription peut être ordonnée par le jugement déclaratif, sans pour cela anticiper sur le règlement du compte qui n'a pas encore été présenté ; sinon, il faut attendre la présentation et le règlement au moins provisoire du compte, dont le reliquat constitue la créance à garantir.

Les comptables de droit des collectivités locales et des établissements publics locaux étant chargés, sous leur responsabilité personnelle, d'assurer la conservation des biens et droits de ces collectivités ou établissements, notamment par inscription des privilèges et hypothèques, le jugement qui ordonne l'inscription de l'hypothèque enjoint à ces comptables de la requérir.

III. REDDITION DE COMPTE

L'obligation de rendre compte est inhérente à la qualité de comptable, de deniers privés comme de deniers publics. Mais alors que les comptes de gestion des deniers privés sont rendus par le gérant au maître de l'affaire, le juge n'étant appelé à intervenir qu'en cas de litige, les comptes de gestion des deniers publics doivent nécessairement être rendus au juge. Le « maître de l'affaire » est ici la collectivité des citoyens, auxquels la

Déclaration des droits du 26 août 1789 reconnaît compétence pour « suivre l'emploi de la contribution publique » (art. 14) et s'en faire rendre compte par ceux qui l'ont gérée (art. 15). Si cette reddition de compte avait lieu à l'initiative de l'administration, celle-ci préférerait ne pas l'intenter plutôt que de révéler ainsi son malfonctionnement, et le précepte constitutionnel resterait lettre morte ; notamment, s'agissant des collectivités locales, dont les comptables de fait sont aussi bien souvent les représentants légaux, on pourrait difficilement s'attendre que ceux-ci procèdent contre eux-mêmes et on ne pourrait admettre qu'ils statuent sur leur propre gestion. La juridiction du juge des comptes de deniers publics est donc d'ordre public, et ce principe s'applique aux gestions de fait avec autant de rigueur qu'aux gestions de droit. L'approbation des opérations des comptables de fait par les conseils délibérants des collectivités locales ou des établissements publics locaux ne peut les dispenser de les soumettre au contrôle du juge.

A. Présentation du compte

La procédure devant les chambres régionales des comptes est essentiellement écrite. Cette règle, commune aux gestions de droit et aux gestions de fait, est fondée sur une nécessité pratique : il serait impossible, des mois ou des années après l'exécution des opérations financières, de les exposer et de les discuter oralement. La présentation d'un compte qui décrit ces opérations est donc la condition indispensable au jugement sur la responsabilité pécuniaire personnelle qui en résulte pour le comptable. Le jugement sur la responsabilité du comptable rendu en l'absence de compte serait nul et de nul effet.

1° Rendants

Les comptables de fait sont les premiers tenus de l'obligation de rendre compte. S'ils n'y ont pas satisfait spontanément, elle leur est rappelée par le jugement qui les déclare tels.

Réciproquement, seuls les comptables de fait sont astreints à rendre compte. Ils doivent donc avoir été déclarés tels pour que cette obligation puisse leur être imposée. Alors même qu'ils se seraient spontanément avoués tels en présentant leur compte, leur qualité devrait être vérifiée et déclarée par le juge avant qu'il puisse statuer sur le compte rendu.

Si les comptables de fait sont décédés, le compte doit être rendu par leurs héritiers ou, si ceux-ci sont mineurs ou incapables, par leurs représentants légaux.

Si les comptables de fait ou leurs héritiers n'ont pas présenté leur compte soit spontanément, avant la déclaration provisoire de gestion de fait, soit sur la notification de cette déclaration, le jugement de déclaration définitive de gestion de fait leur enjoint de le présenter dans le délai qu'il impartit, qui ne peut être inférieur à un mois. Ce délai ne peut être abrégé, mais il peut être prorogé par le président de la chambre. Les retardataires sont passibles d'amende, comme le seraient en pareil cas les comptables de droit.

Si le retard persiste, cette carence est dénoncée par le commissaire du Gouvernement, chargé de veiller à la reddition des comptes, à l'administration, qui, comme elle le ferait en même cas pour une gestion de droit, commet un agent chargé d'établir et de présenter le compte au nom, aux frais et sous la responsabilité du défaillant. Le comptable de fait n'étant tel qu'en vertu du jugement définitif de déclaration de gestion de fait, c'est seulement après l'expiration du délai qui lui avait été imparti pour rendre compte que celui-ci peut être établi et présenté d'office. La désignation de l'agent qui en est chargé incombe aux autorités mêmes qui devraient pourvoir à la défaillance du comptable de droit, c'est-à-dire, lorsque la gestion de fait porte sur les deniers des communes ou des établissements publics locaux dont le service est attribué à des comptables subordonnés du Trésor, au préfet ou au sous-préfet, sur la proposition du trésorier-payeur général ou du receveur particulier des finances (inst. générale du 20 juin 1859, art. 1336, premier alinéa) ; elle n'appartient pas au juge. La rémunération du commis d'office est une charge personnelle du comptable de fait qu'il supplée, que celui-ci ne peut se voir allouer en dépense (v. ci-après, D.) ; au contraire, si l'administration en avait fait l'avance, elle serait fondée à en être indemnisée (loi du 23 février 1963, art. 60-IV).

2° Unicité de compte ou pluralité de comptes

Le compte d'une gestion de fait ne présente pas, comme celui d'une gestion de droit, l'exécution de budgets annuels. Il est donc unique pour une même collectivité ou un même établissement public et un même comptable, quelle qu'ait été la durée de la gestion. Des comptes distincts ne peuvent être admis que s'ils sont récapitulés ou du moins récapitulables en un seul.

Lorsque la gestion de fait a été déclarée à la charge de plusieurs comptables solidairement, ceux-ci doivent en rendre un compte commun. Si la solidarité n'a lieu que pour certaines seulement des opérations, chacun des comptables doit s'approprier celles des opérations décrites au compte commun auxquelles il a participé.

Lorsque la gestion de fait affecte les deniers de plusieurs collectivités ou établissements publics, il doit être rendu autant de comptes qu'il y a de collectivités ou d'établissements intéressés ou un compte divisé en autant de sections distinctes qu'il y a de collectivités ou d'établissements intéressés. S'il est impossible de distinguer (gestion dite confuse), il n'est rendu qu'un seul compte, dont le reliquat sera ultérieurement réparti entre les collectivités ou établissements (v. ci-après, sect. 4, B.).

3° Forme du compte

Les comptables de fait, qui pour la plupart ne font pas profession des finances publiques, pourraient difficilement dresser leurs comptes dans la forme des comptes publics, qui elle-même serait inadaptée à leur gestion, notamment en ce que celle-ci n'est pas annuelle, mais continue (v. ci-avant). Il faut, mais il suffit, que le compte de la gestion de fait présente en recettes l'ensemble des fonds et valeurs irrégulièrement perçus ou extraits ; en dépenses, l'emploi qui en a été fait ; enfin, la balance ou le reliquat qui ressort de la comparaison de ces deux termes. Tout écrit qui satisfait à ces conditions est un compte, même si son auteur ne l'a pas qualifié tel : relevé de recettes et de dépenses, livre de caisse. Le simple aveu de la réception et de la rétention de deniers publics ou de deniers privés réglementés, sans dépenses alléguées, est un compte dont la recette égale le reliquat. Au contraire, un relevé de recettes sans indication de leur emploi allégué en dépenses n'est pas un compte, non plus qu'un relevé de dépenses sans indication de l'origine et du montant des recettes qui les ont financées. À plus forte raison, un mémoire explicatif et justificatif de la gestion du comptable de fait qui ne comporte pas les éléments nécessaires pour fixer sa situation n'est pas un compte.

4° Teneur du compte

Le compte doit décrire l'intégralité des opérations constitutives de la gestion de fait. Si certaines de ces opérations n'y sont pas décrites, le juge ordonne la présentation d'un compte complémentaire incluant ces opérations ou, s'il en a connaissance suffisante, prononce immédiatement un forcement de recettes, sauf, s'il y a lieu, l'allocation corrélative des dépenses correspondantes.

Réciproquement, seules les opérations constitutives de la gestion de fait doivent être décrites au compte. Si celui-ci inclut des opérations étrangères à cette gestion, le juge ordonne la présentation d'un nouveau compte excluant ces opérations ou, s'il en a connaissance suffisante, les exclut lui-même du compte présenté : ainsi en est-il lorsque le compte comprend des acceptations, dations ou échanges de matières, la contre-valeur de matières en magasin ou d'objets mobiliers détournés, le produit et l'emploi d'exactions ou de détournements de fonds au préjudice de particuliers ou de mandats qualifiés à tort fictifs, des avances faites par le comptable de fait de ses deniers personnels, des opérations personnelles du comptable de fait, des opérations faites pour le compte d'organismes privés ou même d'autres organismes publics, des opérations exécutées en vertu d'une habilitation régulière, des opérations qui ont déjà été reprises dans les comptes du comptable de droit, enfin des opérations postérieures à la cessation de la gestion de fait.

B. Justification des opérations

Le comptable de fait est chargé en recettes du montant des fonds et valeurs qu'il a reconnu avoir irrégulièrement perçus ou extraits en les inscrivant à son compte ; c'est à la partie publique adverse ou au juge qui la supplée de prouver que les recettes effectives sont plus élevées ou qu'il en existe d'autres.

Réciproquement, c'est au comptable de fait de prouver l'existence et le montant des dépenses qu'il allègue à sa décharge. Son assimilation légale au comptable de droit devrait l'astreindre à produire à cet effet les pièces justificatives énoncées dans les nomenclatures. Néanmoins, lorsque sa gestion n'est pas aggravée d'infidélités, le juge est autorisé à suppléer par des considérations d'équité à l'insuffisance des justifications produites (décret du 31 mai 1862, art. 25, troisième alinéa ; loi du 23 février 1963, art. 60-XI, troisième alinéa) ; mais cette faculté n'a pas lieu lorsque le comptable de fait a détourné tout ou partie des fonds ou valeurs à son profit personnel (v. ci-après, sect. 4, A., 2°).

C. Reconnaissance de l'utilité publique des dépenses

L'autorisation d'établir et de recouvrer les impôts, droits et taxes fiscales et parafiscales est conférée chaque année par la loi de finances (ord. du 2 janvier 1959, art. 4, premier alinéa). À défaut de cette autorisation, la perception de ces recettes serait une simple exaction, dont les auteurs répondraient non aux organismes publics, mais aux parties lésées (v. ci-avant, chap. II, sect. 2, B., 2°). Les autres recettes publiques ne sont pas autorisées, mais seulement prévues et évaluées par le budget des organismes publics bénéficiaires, sans que cette prévision et cette évaluation conditionnent leur établissement et leur recouvrement.

Au contraire, toutes les dépenses publiques doivent être à la fois prévues et autorisées par le budget des organismes publics intéressés. Cette autorisation est conférée aux seuls ordonnateurs et comptables de droit ; elle n'habilite pas les comptables de fait. À défaut d'autorisation préalable, ceux-ci doivent obtenir la reconnaissance rétroactive de l'utilité des dépenses qu'ils allèguent avoir faites dans l'intérêt des organismes publics.

La reconnaissance d'utilité publique des dépenses de gestion de fait des deniers des collectivités locales et des établissements publics locaux est consentie par les conseils délibérants de ces collectivités et établissements. Les comptables de fait doivent donc solliciter de ces conseils la reconnaissance de l'utilité publique des dépenses qu'ils allèguent ; s'ils ne l'ont pas demandée avant la présentation de leur compte, le juge leur enjoint de la rapporter. L'approbation de ces délibérations a été supprimée par la loi du 2 mars 1982 : elles sont exécutoires dès leur dépôt à la préfecture ou à la sous-préfecture, mais elles pourraient être déférées par les préfets aux tribunaux administratifs.

Les conseils délibérants, qui ne sont pas tenus d'ouvrir des crédits, ne sont pas plus tenus de reconnaître l'utilité publique des dépenses faites sans crédits. Toutefois, les dépenses légalement obligatoires que ces conseils auraient refusé de reconnaître d'utilité publique pourraient être, après consultation des chambres régionales des comptes, reconnues telles par les préfets (C. général des collectivités territoriales, art. L 1612-15, troisième alinéa).

Le défaut de réponse des conseils délibérants dans le délai de quatre mois est, suivant le droit commun, interprété comme un refus, qui peut être déféré au juge administratif.

À défaut de reconnaissance, les dépenses sont rejetées, tout comme le seraient des dépenses payées sans crédits par les comptables de droit (v. ci-après, sect. 4, A., 2°).

Les reversements de fonds par les comptables de fait aux comptables de droit ne sont pas des dépenses, mais de simples opérations de trésorerie, qui n'ont pas à être ratifiées. Il suit de là qu'un compte qui ne présente que des recettes et des reversements, sans dépenses alléguées, ou duquel toutes les dépenses alléguées ont été rejetées, n'a pas à être soumis à ratification.

Les dépenses sur deniers privés réglementés, qui s'exécutent hors budget, ne sont pas soumises à la ratification des conseils délibérants ; mais les propriétaires de ces fonds ou, s'ils sont incapables, leurs représentants légaux, pourraient être appelés à déclarer qu'ils approuvent l'emploi qui en a été fait.

En effet, la reconnaissance d'utilité publique n'est pas seulement une ouverture rétroactive de crédits. Survenant après que les dépenses ont été faites, elle constitue aussi une approbation de ces dépenses. Notamment, s'agissant des gestions de fait des deniers des collectivités locales et des établissements publics locaux, les comptes rendus par des agents qui ont irrégulièrement cumulé les fonctions d'ordonnateurs et de comptables sont à la fois des comptes administratifs et des comptes de gestion ; c'est ce qui explique que, par transposition de la prohibition légale applicable aux ordonnateurs (C.G.C.T., art. L 2221-14, L 3312-3 et L 4311-4), les comptables de fait ne puissent participer aux délibérations qui approuvent les dépenses qui y sont portées. L'approbation de ces comptes supplée en tant que de besoin aux autres autorisations qui auraient dû être obtenues des conseils délibérants, mais non à celles qui auraient dû être obtenues d'autres autorités.

La validité des délibérations des conseils régionaux, généraux ou municipaux ou des conseils d'administration des établissements publics locaux, qui sont des actes administratifs, est vérifiée par le juge des comptes, qui, s'il les estime irrégulières, exige une nouvelle délibération : il en est notamment ainsi lorsque la délibération est antérieure à l'établissement du compte ou a été prise au vu d'un compte incomplet et n'a donc pu statuer en connaissance de cause, ou lorsque le comptable de fait y a participé (v. ci-avant). Mais le juge des comptes ne peut connaître du refus de reconnaissance de l'utilité publique des dépenses ni inversement remettre en discussion l'utilité publique des dépenses approuvées par les conseils délibérants.

Même régulière, la reconnaissance d'utilité publique, tout comme le vote des budgets et des comptes administratifs, laisse entière la compétence du juge pour statuer, au vu des justifications qui lui sont produites, sur la réalité et la régularité des dépenses alléguées et la responsabilité qui en résulte pour les manutenteurs non habilités. Pour les gestions de fait des deniers des collectivités locales et des établissements publics locaux, la délibération est habituellement produite en même temps que le compte, ce qui met les conseils délibérants dans l'alternative de ne reconnaître l'utilité des dépenses que sous la condition, qui devrait être préalable, que leur réalité et leur régularité seront ultérieurement constatées par le juge, ou de reconnaître d'utilité publique des dépenses dont le juge déniera ultérieurement la réalité ou la régularité.

D. Frais

L'obligation de rendre compte du maniement des deniers publics s'exécute aux frais des comptables. Cette charge, inhérente aux fonctions des comptables de droit, incombe aussi aux comptables de fait, qui se sont placés eux-mêmes dans la situation d'où résulte cette obligation. Ils ne peuvent donc prétendre se voir allouer en dépenses les frais d'établissement de leurs comptes. Au contraire, si l'administration en avait fait l'avance, notamment en rémunérant les agents commis d'office à cet effet, elle serait fondée à en être indemnisée (loi du 23 février 1963, art. 60-IV).

IV. RESPONSABILITÉ DES COMPTABLES DE FAIT

La reddition du compte de gestion de fait a pour fin de mettre le juge en état de statuer, au vu du compte rendu et des pièces qui l'appuient, sur la responsabilité pécuniaire personnelle du comptable à raison des opérations décrites dans ce compte.

A. Faits générateurs de responsabilité

La responsabilité pécuniaire personnelle des comptables de fait est en principe la même que celle des comptables de droit auxquels ils se sont irrégulièrement substitués (loi du 23 février 1963, art. 60-XI, troisième alinéa). Néanmoins, la jurisprudence ou la loi elle-même y admettent des atténuations.

1° Recettes

En recettes, la responsabilité principale des comptables de droit est celle du recouvrement, ou plutôt du non-recouvrement : si les ordres de recettes dont ils étaient assignataires n'ont pas été recouvrés, ils sont tenus de les solder de leurs deniers personnels (loi du 23 février 1963, art. 60-I, premier alinéa, 60-IV et 60-VI). Au contraire, les comptables de fait ne comptent pas des recettes qu'ils auraient dû recouvrer : ils sont seulement chargés de celles qu'ils ont effectivement perçues.

La raison non exprimée de cette dissimilation jurisprudentielle est qu'on ne peut leur reprocher d'avoir limité leur ingérence à certaines opérations et de s'être abstenus de l'étendre à d'autres. Si ce raisonnement est admissible pour les recettes qu'ils ont négligé de recouvrer concurremment avec les receveurs de droit, il n'en est pas de même lorsqu'ils étaient seuls en possession des titres indispensables au recouvrement : la perte de recettes est en ce cas la conséquence nécessaire de leur ingérence, et ils devraient la supporter ; la solution contraire est très discutable.

2° Dépenses

Les comptables de droit sont tenus de vérifier que les dépenses qui leur sont présentées pour paiement sont renfermées dans la limite des autorisations budgétaires (décret du 29 déc. 1962, art. 12) ; les dépenses payées en dépassement des crédits ouverts engagent leur responsabilité pécuniaire personnelle (loi du 23 février 1963, art. 60-I, premier alinéa, et 60-IV). Les comptables de fait doivent obtenir la ratification rétroactive des dépenses qu'ils ont payées, sous forme de la reconnaissance de leur utilité publique (v. ci-avant, sect. 3, C.), à défaut de laquelle elles sont rejetées et restent à leur charge personnelle. Néanmoins, lorsque ces dépenses étaient la condition indispensable des recettes admises, le juge, même sans reconnaissance d'utilité publique, les alloue à la décharge des comptables de fait.

Les comptables de droit ne doivent payer les dépenses qu'au vu des pièces justificatives énoncées dans les nomenclatures arrêtées par le ministre des finances (décret du 31 mai 1862, art. 88 et 503 ; décret du 29 déc. 1962, art. 13 et 47) : les dépenses payées sans justifications ou sur des justifications insuffisantes sont mises à leur charge personnelle. Il en est de même pour les comptables de fait. Toutefois, on a vu (ci-avant, sect. 3, B.) que le juge des comptes était autorisé à suppléer par des considérations d'équité à l'insuffisance des justifications produites par les comptables de fait, si la gestion de ceux-ci n'est pas aggravée d'appropriation personnelle, et il use volontiers de cette faculté ; mais dans le cas contraire, les dépenses qu'ils allèguent sont rejetées.

Les pièces justificatives produites doivent établir que les dépenses avaient pour objet l'acquittement de « services faits » (décret du 31 mai 1862, art. 10 ; décret du 29 déc. 1962, art. 13), ou plus généralement, de dettes des organismes publics envers les bénéficiaires (décret du 31 mai 1862, art. 63 et 87 ; décret du 29 déc. 1962, art. 30, 31 et 33). La même règle, qui n'est que l'application en comptabilité publique du principe suivant lequel « tout paiement suppose une dette » (C. civil, art. 1235), vaut pour les comptables de fait. S'il résulte de l'examen des pièces justificatives que les dépenses alléguées n'avaient pas pour objet l'acquittement de dettes de l'organisme public intéressé, elles sont rejetées : ainsi en est-il des dépenses personnelles du comptable de fait, du règlement d'impôts qui n'étaient pas à la charge de l'organisme public intéressé, des dépenses faites au bénéfice de tiers envers lesquels cet organisme n'était pas débiteur ou des dépenses qui incombaient à d'autres organismes publics. Il en est de même des dépenses faites sur deniers privés réglementés dans l'intérêt de l'organisme public dépositaire et non dans l'intérêt des déposants.

Le statut général de la fonction publique interdit de verser aux fonctionnaires des indemnités autres que celles qui sont autorisées par des actes législatifs ou réglementaires. Les indemnités payées sans autorisation sont mises à la charge personnelle des payeurs. Il en est de même lorsqu'elles sont payées par des comptables de fait.

Les lois relatives aux collectivités locales posent en principe la gratuité des fonctions électives, seules étant admises les indemnités compensatrices de frais. Si des élus locaux s'attribuent, par l'intermédiaire d'une association qu'ils subventionnent, des avantages pécuniaires, ils ne peuvent se les faire allouer en dépenses.

Les comptables de droit doivent vérifier que les dépenses ont été liquidées conformément aux dispositions législatives, réglementaires, juridictionnelles ou contractuelles sur lesquelles elles sont fondées (décret du 31 mai 1862, art. 91, premier et deuxième alinéas ; décret du 29 déc. 1962, art. 13) ; ils sont responsables des erreurs de liquidation. La même responsabilité pèse sur les comptables de fait.

Enfin les comptables de fait, comme tous les agents chargés de paiements publics ou privés, répondent de la régularité juridique et de l'exactitude matérielle de ces paiements. Ils sont notamment responsables du double paiement des mêmes dépenses.

3° Conservation des fonds et valeurs

Les comptables de fait, comme tous les dépositaires publics ou privés, doivent pouvoir représenter les fonds ou valeurs dont ils sont rétentionnaires. Ils sont responsables des pertes ou vols de ces fonds ou valeurs.

B. Jugement du compte

La responsabilité virtuelle du comptable de fait devient actuelle par le jugement de son compte.

Si le compte a été présenté soit spontanément, avant même la déclaration de gestion de fait, soit sur la notification du jugement de déclaration provisoire, le jugement de déclaration définitive statue simultanément sur le fond ; mais si le compte présenté n'est pas en état d'examen, la déclaration et le jugement sur le fond sont nécessairement successifs. Si le compte n'a été présenté qu'en exécution du jugement de déclaration définitive, il ne peut être statué sur le fond que par jugement ultérieur.

Le jugement du compte de gestion de fait consiste à régler ce compte, c'est-à-dire, s'agissant d'une comptabilité en partie simple, à admettre les recettes, à allouer les dépenses et à constater leur égalité (« balance ») ou à fixer l'excédent des premières sur les secondes, qui constitue le reliquat à la charge du comptable.

Le règlement du compte de gestion de fait déroge au principe de l'immutabilité de la ligne de compte observé pour le jugement des gestions de droit, qui veut que le juge ne rectifie jamais les comptes tels qu'ils ont été établis et rendus par les comptables, ses vérifications n'ayant de conséquences que sur la responsabilité pécuniaire personnelle de ces derniers (inst. générale du 20 juin 1859, art. 1557). Ce principe n'a pas pour les gestions de fait les raisons d'être qu'il a pour les gestions de droit : il n'est pas nécessaire de conserver l'enchaînement avec une gestion précédente et une gestion suivante ni la conformité avec une comptabilité administrative. Les forcements de recettes et les rejets de dépenses se traduisent donc respectivement par des augmentations et des diminutions des montants portés au compte rendu et la rectification consécutive du reliquat.

Les recettes admises sont celles que le comptable de fait avait portées en compte, augmentées de celles qu'il avait omises (v. ci-avant, sect. 3, A., 3°) ou qu'il n'avait portées que pour un montant inférieur à celui qui est résulté de l'instruction et diminuées de celles qui étaient étrangères à la gestion de fait (v. ci-avant, sect. 3, A., 3°) ou qu'il avait portées pour un montant supérieur à celui qui est résulté de l'instruction.

Seules les dépenses que le comptable de fait a portées en compte peuvent être allouées ; mais s'il a depuis lors recouvré des justifications qui lui faisaient défaut, il peut alléguer des dépenses nouvelles aussi longtemps que le compte n'a pas été définitivement réglé. Si des dépenses ont été portées en compte deux fois, elles ne sont évidemment allouées qu'une seule. Si des dépenses portées en compte ne sont pas suffisamment justifiées, ont été irrégulièrement payées ou n'ont pas été reconnues d'utilité publique, et comme telles, engagent la responsabilité pécuniaire personnelle du comptable de fait (v. ci-avant, A., 2°), elles sont rejetées.

Les reversements opérés par le comptable de fait ne constituent pas des dépenses, mais de simples mouvements de fonds, qui viennent en déduction du reliquat (v. ci-après, C.).

Les forcements de recettes et les rejets de dépenses peuvent être prononcés dès la présentation du compte, si le juge est alors suffisamment informé ; dans le cas contraire, il enjoint au comptable de produire des justifications complémentaires. Dans l'un et l'autre cas, ces dispositions, qui font grief au comptable, doivent comme telles être motivées et soumises à discussion contradictoire. À cet effet, la procédure du double jugement suivie pour l'apurement des comptes des comptables de droit est applicable à l'apurement des comptes de gestion de fait : ces dispositions font l'objet d'un jugement provisoire, notifié au comptable de fait, auquel est imparti un délai pour y répondre ; ce délai ne peut être abrégé, mais il peut être prorogé par le président de la chambre ; ce n'est qu'à défaut de réponses dans le délai imparti ou en l'insuffisance des justifications produites que le juge prononcera définitivement les forcements ou les rejets. Si les réponses du comptable ou de nouveaux documents ou renseignements font apparaître de nouvelles charges, celles-ci doivent être élevées dans un nouveau jugement provisoire. Toutefois, lorsque des décisions du juge répressif ayant acquis l'autorité de la chose jugée ont constaté des détournements de deniers publics qui n'ont pas été portés en compte ou au contraire l'inexistence de dépenses alléguées en compte, les forcements de recettes ou les rejets de dépenses correspondants peuvent être immédiatement prononcés par jugement définitif.

Si les fonds ou valeurs que le comptable de fait a irrégulièrement perçus ou extraits, qui constituent les recettes du compte, ne suffisent pas à couvrir toutes les dépenses dont il a justifié et qui ont été reconnues d'utilité publique, la différence ne peut provenir que de ses deniers personnels ou des deniers de tiers, qui sont les uns et les autres des deniers privés, du maniement desquels le juge des comptes n'a pas à connaître : celui-ci doit donc se limiter à constater que les recettes admises ont été entièrement employées en dépenses justifiées et reconnues utiles, et en conséquence, à régler ce compte en balance ; il ne peut jamais le régler en avance.

Si les recettes admises n'ont pas été entièrement employées en dépenses allouées, la différence constitue le reliquat dont le comptable demeure chargé.

On a vu (ci-avant, sect. 3, A., 2°) que le compte d'une gestion de fait devait être unique, quelle qu'ait été la durée de cette gestion ; corrélativement, le jugement qui règle définitivement ce compte doit être lui-même unique : si le juge peut, suivant l'avancement de son information, prononcer des forcements de recettes et des rejets de dépenses par plusieurs jugements successifs, il doit en tirer chaque fois la conséquence en rectifiant la ligne de compte précédemment établie, de façon à faire chaque fois aussi ressortir la situation qui en résulte pour le comptable, et ce n'est qu'après que toutes les recettes et toutes les dépenses auront été respectivement admise et allouées que le compte pourra être définitivement réglé et le reliquat, s'il en existe un, mis à la charge personnelle du comptable.

Les comptables de fait solidaires étant tenus de rendre un compte commun, la ligne de ce compte leur est nécessairement commune. Si la solidarité n'a lieu que pour partie des opérations, il est établi autant de lignes de compte qu'il y a de sous-ensembles pour lesquels les mêmes comptables sont solidaires ou à tout le moins, le reliquat qui résulte de la ligne de compte commune est réparti entre ces sous-ensembles. Lorsqu'un même comptable a successivement géré solidairement avec plusieurs autres, sans solidarité entre ces derniers, il est établi autant de lignes de compte qu'il y a de sous-ensembles de comptables solidaires. Lorsque des comptables entre lesquels il n'y a pas de solidarité ont néanmoins rendu un compte commun, il est établi autant de lignes de compte distinctes qu'il y a de comptables ; c'est notamment le cas des comptables successifs.

Si la gestion de fait affecte les deniers de plusieurs collectivités ou établissements publics, il doit être établi autant de lignes de compte distinctes qu'il y a d'organismes intéressés. Si la gestion est confuse entre plusieurs collectivités ou établissements publics, le compte unique qui en est rendu aboutit nécessairement à un reliquat unique, mais ce reliquat, qui est par essence divisible, doit être réparti entre ces organismes, soit de leur consentement réciproque, soit, à défaut, par arbitrage du juge.

C. Fixation de la situation du comptable de fait

Du règlement définitif du compte résulte la fixation de la situation personnelle du comptable de fait envers la collectivité ou l'établissement public dont il a manié les deniers.

Si le compte est, dès le premier examen, reconnu sincère, que les opérations sont suffisamment justifiées, que les dépenses, s'il en a été fait, ont été reconnues d'utilité publique et que le compte est réglé en balance ou que le reliquat a déjà été reversé, la gestion de fait peut être définitivement apurée et la situation du comptable de fait fixée par un seul et même jugement. Dans le cas contraire, les régularisations nécessaires sont poursuivies par voie d'injonctions (v. ci-avant), et ce n'est qu'après qu'il y aura été satisfait que la gestion pourra être apurée et la situation du comptable fixée.

Si le compte a été réglé en balance et qu'il n'existe ou ne subsiste pas d'injonctions ou d'autres charges qui grèvent la gestion du comptable de fait, celui-ci en est déclaré quitte et libéré, puisqu'elle est terminée ; si des inscriptions avaient été prises sur ses biens meubles ou immeubles, le jugement en ordonne la radiation, mais n'a évidemment pas à permettre la restitution d'un cautionnement qui n'a pas été constitué.

Toutefois, lorsque le comptable de fait a été condamné à l'amende, cette condamnation, aussi longtemps qu'il ne l'a pas purgée, fait obstacle à ce qu'il soit quitté de sa gestion (v. ci-après, chap. VI, sect. 2, B., 5°).

Si les fonds ou valeurs irrégulièrement perçus ou extraits par le comptable de fait ne suffisent pas à couvrir toutes les dépenses dont il a justifié et qui ont été reconnues d'utilité publique, le juge ne peut pour autant le déclarer en avance (v. ci-avant) : il se limite à le quitter de sa gestion et le renvoie pour le surplus à exercer contre l'administration l'action en restitution des avances qu'il prétendrait avoir faites (v. ci-après, E., 3°).

Si le règlement du compte déclare le comptable de fait reliquataire, il demeure chargé de ce reliquat. Alors même qu'il n'existerait ou ne subsisterait pas d'injonctions ou d'autres charges qui grèvent sa gestion, ce n'est qu'après l'avoir reversé, soit spontanément, soit sur l'injonction du juge, qu'il peut être déclaré quitte et libéré. S'il ne le reverse pas, il est constitué en débet (v. ci-après, D.).

La ligne du compte commun rendu par les comptables de fait solidaires leur étant nécessairement commune (v. ci-avant), si ce compte est réglé en balance, le quitus vaut pour tous ; mais si l'un d'eux a été condamné à l'amende, il en est excepté. Si ce compte laisse un reliquat, ils en sont tous débiteurs : la transmission des fonds entre eux, qui laisse entière leur dette commune, ne peut être admise à leur décharge et aucun d'entre eux ne peut être quitté avant que ce reliquat n'ait été entièrement reversé ; mais réciproquement, les reversements faits par l'un ou quelques-uns d'entre eux s'imputent en atténuation de la dette commune, et lorsque cette dette est apurée, le quitus est commun à tous. Si la solidarité n'a lieu que pour certaines des opérations, il peut être décerné distinctement quitus des opérations purement personnelles à l'un ou à quelques-uns d'entre eux.

Si la situation de comptables de fait non solidaires est fixée par un même jugement, l'un d'eux peut obtenir quitus alors que l'autre demeure chargé.

La situation des comptables de fait successifs, alors même qu'ils auraient rendu un compte commun, est fixée distinctement et séparément pour chacun d'eux. Chacun est débiteur du reliquat de sa gestion propre ; le versement de ce reliquat à son successeur ne peut être admis à sa décharge que si ce successeur le prend lui-même en charge dans le compte qu'il rend.

Le jugement définitif qui fixe la situation du comptable de fait a l'autorité de la chose jugée, sauf l'exercice des voies de recours (v. ci-après, chap. VII).

D. Débets des comptables de fait

Le débet est la situation du comptable constitué débiteur du reliquat de sa gestion.

1° Constitution en débet

Le comptable de fait qui n'a pas reversé le reliquat de sa gestion, soit spontanément, soit sur l'injonction du juge, est constitué en débet par jugement définitif.

Si les comptables sont décédés en cours d'instance, le débet, suivant le droit commun successoral (C. civil, art. 870 et 873), incombe à leurs héritiers, qui ne peuvent s'en exonérer qu'en renonçant à la succession.

Les comptables solidaires étant tous débiteurs du reliquat de leur compte commun, si ce reliquat n'est pas reversé, ils en sont solidairement aussi constitués en débet. Si la solidarité n'a lieu que pour partie des opérations, il y a autant de débets distincts qu'il y a de sous-ensembles pour lesquels les mêmes comptables sont solidaires. Il en est de même lorsqu'un comptable de fait a successivement géré solidairement avec plusieurs autres, sans solidarité entre ces derniers.

Au contraire, les débets à la charge de comptables de fait non solidaires, alors même qu'ils auraient rendu un compte commun, sont distincts et séparés.

2° Intérêts des débets

Les débets des comptables de fait portent intérêts de même que ceux des comptables de droit.

La loi du 23 février 1963 (art. 60-VIII) dispose que les intérêts courent de la date du fait générateur du débet, ce qui doit s'entendre du fait générateur de la gestion extraréglementaire, à partir duquel les fonds et valeurs irrégulièrement perçus ou extraits manquent dans la caisse ou le portefeuille du comptable de droit, c'est-à-dire de l'encaissement sans habilitation des recettes, du paiement des mandats fictifs ou des détournements, ou, dans l'incertitude, de la dernière date possible de l'encaissement des recettes, de la date de paiement du dernier des mandats fictifs, de la date de la découverte des détournements ou du dernier acte de disposition des fonds et valeurs détournés.

3° Apurement des débets

Les reversements s'imputent en priorité, suivant la règle de droit commun (C. civil, art. 1254), sur les intérêts échus, en sorte que le comptable de fait qui solde son débet sans les y comprendre demeure débiteur en capital d'une somme égale, qui continue à porter intérêts.

Les débets des comptables de fait solidaires sont, suivant la règle de droit commun (C. civil, art. 1200 et 1222), en totalité à la charge de chacun d'eux, sauf leurs recours les uns contre les autres (v. ci-après, E., 1°), mais réciproquement, les versements faits par chacun d'eux profitent à tous.

À défaut d'acquittement volontaire, les jugements de débet sont mis à exécution par le trésorier général des créances spéciales du Trésor, agissant comme correspondant des comptables des collectivités ou établissements publics intéressés. L'appréhension d'un cautionnement qui n'a pas été constitué n'est évidemment pas possible, mais la compensation avec le traitement ou la pension des comptables de fait fonctionnaires ou anciens fonctionnaires et la saisie-attribution des autres rémunérations, la saisie mobilière et la saisie immobilière peuvent être utilisées dans les conditions et formes de droit commun.

Si les comptables de fait sont décédés, les jugements de débet sont, moyennant notification à leurs héritiers, exécutoires contre ces derniers (C. civil, art. 877).

Les débets des comptables de fait peuvent, comme ceux des comptables publics, être remis gracieusement par le ministre des finances, après avis favorable des conseils délibérants des collectivités ou établissements publics intéressés.

Les comptables de fait constitués en débet qui s'en sont acquittés ou en ont obtenu remise gracieuse sont, comme les comptables de droit en mêmes cas, déclarés quittes et libérés de leur gestion. S'il se révélait ultérieurement que le débet a été remboursé par la collectivité ou l'établissement public intéressé, ce qui équivaudrait à une remise gracieuse décidée par une autorité incompétente, le jugement de quitus serait mis d'office en révision.

E. Actions récursoires

Le comptable de fait constitué en débet peut exercer des actions récursoires contre ses coobligés ou contre les parties auxquelles les dépenses qui ont été laissées à sa charge ont profité.

1° Action des comptables de fait solidaires les uns contre les autres

Les reversements faits par l'un ou quelques-uns des comptables de fait solidaires profitent à tous (v. ci-avant, C. et D.), mais celui ou ceux qui ont payé pour les autres peuvent réclamer à chacun de ces derniers la part qui lui incombe (C. civil, art. 1214, premier alinéa). Ils sont à cette fin subrogés dans les droits de la collectivité ou de l'établissement public qu'ils ont désintéressé (art. 1251, 3°). Les litiges qui peuvent s'élever entre le payant et ses coobligés ne sont pas de la compétence du juge des comptes, qui a épuisé sa juridiction en statuant sur les rapports des comptables de fait avec la collectivité ou l'établissement public intéressé. S'agissant désormais de litiges entre particuliers, c'est au juge civil qu'il appartient d'en connaître.

2° Action du comptable de fait contre les bénéficiaires des dépenses irrégulières

Le comptable de fait constitué en débet de dépenses déclarées indûment payées aurait une action récursoire contre les bénéficiaires de ces dépenses, fondée sur la répétition de l'indu (C. civil, art. 1235), pour l'exercice de laquelle il serait subrogé dans les droits de la collectivité ou de l'établissement public qu'il a désintéressé (art. 1251, 3°).

3° Action du comptable de fait contre l'administration

Il n'appartient pas au juge des comptes de statuer sur l'utilité publique des dépenses alléguées par les comptables de fait, qui ne peut être reconnue que par les conseils délibérants des collectivités ou établissements publics intéressés. À défaut de cette reconnaissance, les dépenses doivent être rejetées et laissées à la charge personnelle des comptables de fait (v. ci-avant, sect. III, C., et sect. IV, A., 2°).

Lorsque ces dépenses étaient rendues obligatoires par la loi, le refus d'en reconnaître l'utilité publique peut être surmonté par l'intervention de l'administration supérieure, qui, de même qu'elle pourrait ouvrir d'office les crédits nécessaires à l'acquittement de ces dépenses, peut d'office aussi reconnaître d'utilité publique celles qui auraient été exposées par les comptables de fait (v. ci-avant, sect. 3, C.).

Lorsque ces dépenses étaient facultatives, le refus de les ratifier est au contraire discrétionnaire. C'est la conséquence du principe constitutionnel (Déclaration des droits, art. 14) qui réserve aux citoyens ou à leur représentants compétence pour reconnaître la nécessité de la contribution publique et en suivre l'emploi.

Ce principe, appliqué avec rigueur par la jurisprudence ancienne, a été ensuite restreint soit par transposition à la gestion de fait des deniers publics des règles de la gestion d'affaires du droit privé, en vertu desquelles l'action du maître dont l'affaire a été gérée sans son consentement ou même à son insu à fin de se faire rendre compte par le gérant (C. civil, art. 1372) a pour contre-partie l'obligation du maître d'indemniser le gérant de toutes les dépenses utiles ou nécessaires qu'il a exposées (art. 1375), soit par application du principe général non écrit suivant lequel on ne doit pas, même involontairement, s'enrichir aux dépens d'autrui. Mais la gestion d'affaires est licite et même favorisée, alors que la gestion de fait est prohibée, et l'enrichissement contre le gré du bénéficiaire ne peut obliger celui-ci à indemnité, sauf le délaissement des biens ainsi acquis. Le Conseil d'État, s'il n'exclut plus par principe l'action contraire des comptables de fait, la limite aux dépenses qui étaient à la fois « nécessaires et urgentes », termes dont le cumul souligne qu'il considère cette action comme « tout à fait exceptionnelle ».

L'action récursoire du comptable de fait contre l'administration

Conseil d'État, 10 janvier 1958, Gournay

(*Recueil Lebon*, p. 709)

LE CONSEIL D'ÉTAT statuant au contentieux,

Vu la requête du sieur Gournay (Irénée), ancien maire de la commune de Tangry, tendant à l'annulation du jugement en date du 24 février 1954 par lequel le tribunal administratif de Lille a rejeté sa demande tendant à la condamnation de cette commune à lui verser une somme de 152 019 francs ;

Vu la loi du 5 avril 1884, l'ordonnance du 31 juillet 1945 et le décret du 30 septembre 1953 ;

Ouï Mme Cadoux, maître des requêtes, en son rapport, Me Gorillot, avocat au Conseil, en ses observations et M. Chardeau, commissaire du Gouvernement, en ses conclusions ;

Considérant que le sieur Gournay soutient que c'est à tort que le tribunal administratif de Lille a refusé de condamner la commune de Tangry à lui rembourser d'une part une somme de 142 779 francs correspondant au montant des achats d'essence et d'huile qu'il aurait effectués pour le compte du service des eaux de la commune pendant les années 1947, 1948 et 1949, alors qu'il était maire de ladite commune, d'autre part une somme de 9 240 francs correspondant aux frais de remise en état du mur du presbytère engagés en 1949, sommes qu'il aurait versées de ses deniers personnels ;

Considérant que de semblables créances d'un maire contre la commune qu'il a administrée ne peuvent avoir qu'un caractère tout à fait exceptionnel ; que les dépenses dont le conseil municipal a refusé de reconnaître l'intérêt communal ne peuvent, alors même qu'elles ont profité à la commune, ouvrir audit maire une action en indemnité contre cette dernière que si elles avaient un caractère incontestable de nécessité et d'urgence ; qu'il résulte de l'instruction que les dépenses dont le sieur

Gournay a acquitté le montant et dont il réclame le remboursement à la commune de Tangry n'avaient pas présenté ce caractère ;

Considérant que si le requérant se prévaut d'un arrêt en date du 25 avril 1952, par lequel la Cour des comptes s'est fondée, pour ne pas lui infliger une amende, en dépit des irrégularités par lui commises, sur ce que les dépenses exposées par le sieur Gournay avaient bénéficié aux habitants de la commune et sur ce que ledit sieur Gournay était de bonne foi, les motifs retenus par la Cour des comptes pour ne pas prononcer d'amende, quelle qu'en soit la portée, ne sauraient, en tout état de cause, avoir l'autorité de la chose jugée dans un litige né de l'action du maire contre la commune en vue d'obtenir le remboursement des dépenses qu'il a irrégulièrement effectuées ;

Considérant enfin que c'est à bon droit que le tribunal administratif a estimé qu'il était suffisamment mis à même de se prononcer par les pièces versées au dossier et a, pour ce motif, rejeté la demande d'expertise présentée, à titre d'ailleurs subsidiaire, par le sieur Gournay ;

Considérant qu'il résulte de tout ce qui précède que le requérant n'est pas fondé à solliciter l'annulation du jugement susvisé en date du 24 février 1954, par lequel le tribunal administratif a rejeté sa demande ;

Décide :

Article premier – La requête du sieur Gournay est rejetée.

Art. 2 – Le sieur Gournay supportera les dépens.

F. Responsabilité subsidiaire des comptables de droit

On a vu que les comptables de droit, lorsqu'ils ont participé à une gestion de fait, peuvent être eux-mêmes déclarés comptables de fait (ci-avant, sect. 1). Si, sans participer à une gestion de fait, ils l'ont rendue possible par leur négligence dans le recouvrement des recettes ou dans le paiement des dépenses, ils sont, en leur qualité même de comptables publics, responsables des pertes qui peuvent en résulter pour les collectivités ou établissements publics intéressés. Il en est de même si, ayant connu la gestion de fait, ils ne l'ont pas dénoncée : cette dernière responsabilité, élaborée par la jurisprudence, est à présent confirmée par la loi du 23 février 1963 (art. 60-III, deuxième alinéa).

Le comptable de droit ainsi rendu responsable de la gestion du comptable de fait qui s'est acquitté du débet de ce dernier est subrogé aux droits de la collectivité ou de l'établissement public qu'il a dû désintéresser (C. civil, art. 1251, 3°). La juridiction du juge des comptes étant épuisée par l'apurement du débet, le contentieux serait de la compétence du juge civil.

RÉPRESSION DE LA GESTION DE FAIT

6

La gestion de fait contrevient aux règles d'exécution des recettes et des dépenses publiques, qui sont d'ordre public. Outre l'extension aux manutenteurs irréguliers de la responsabilité pécuniaire personnelle qui incombe à tous les comptables des deniers publics (v. ci-avant, chap. V, sect. 4), elle expose donc ces manutenteurs à des actions répressives.

I. RÉPRESSIONS DE DROIT COMMUN

La gestion de fait peut être réprimée par exercice des actions de droit commun disciplinaire ou pénale.

A. Répression disciplinaire

La méconnaissance, voire la violation délibérée de la séparation entre les ordonnateurs et les comptables est une infraction disciplinaire, qui rend ses auteurs, s'ils sont fonctionnaires, passibles des peines édictées par le statut général de la fonction publique (loi du 13 juillet 1983, art. 29). Les exemples en sont rares. Les supérieurs des comptables de fait, auxquels est réservée l'action disciplinaire (État : loi du 11 janvier 1984, art. 67 ; collectivités locales : loi du 26 janvier 1984, art. 89, avant-dernier alinéa), ne peuvent l'exercer que s'ils sont eux-mêmes purs de toute participation à la gestion de fait ; s'ils l'ont organisée ou même l'ont simplement connue et tolérée, ils seraient malvenus à sévir contre leurs subordonnés.

Les maires et leurs adjoints peuvent être suspendus par arrêtés des préfets ou révoqués par décret (Code général des collectivités territoriales, art. L 2122-16). Cette action disciplinaire contre les élus locaux, autrefois fréquemment entreprise contre ceux qui s'étaient rendus comptables de fait, serait à présent ressentie comme une improbation du choix de leurs électeurs.

B. Répression pénale

La gestion de fait est, comme l'ont successivement rappelé les lois qui l'ont définie (loi du 18 juillet 1837, art. 64 ; loi du 5 avril 1884, art. 155 ; loi du 25 février 1943, art. 3), constitutive du délit d'usurpation de fonctions publiques, que le Code pénal (art. 258) punissait de deux à cinq ans d'emprisonnement et que le nouveau Code pénal (art. 433-12) punit de trois ans d'emprisonnement.

Cette disposition rigoureuse est rarement appliquée lorsque l'infraction ne consiste qu'en un simple empiètement des administrateurs ou ordonnateurs sur les fonctions réservées aux comptables. Le plus souvent, les procureurs de la République, alors même qu'ils ont été avisés par les commissaires du Gouvernement près les chambres régionales des comptes, refusent de poursuivre, parce qu'ils estiment les peines hors de proportion avec les faits.

L'action répressive n'est habituellement exercée que lorsque l'ingérence dans la perception des recettes publiques ou l'extraction irrégulière de fonds ou de valeurs ont été préparées ou dissimulées par des faux en écritures publiques (C. pénal, art. 145 à 148 ; N. C. pénal, art. 441-2 à 441-7) ou si les fonds ou valeurs irrégulièrement perçus ou extraits n'ont pas été conservés ou utilisés à des dépenses publiques, mais appropriés par les percepteurs ou extracteurs irréguliers, qui se sont ainsi rendus coupables de détournement de deniers publics (C. pénal, art. 169 à 172 ; N. C. pénal, art. 432-15). Mais la dénonciation de la gestion de fait est alors plus l'occasion que la cause des poursuites.

II. L'AMENDE POUR GESTION DE FAIT

Dans l'ancien droit, l'ingérence sans habilitation dans le maniement des deniers royaux était punie d'une amende infligée par le juge des comptes. Cette amende avait disparu avec la substitution aux chambres des comptes d'institutions sans compétence juridictionnelle et n'avait pas été reprise par la loi du 16 septembre 1807 qui avait restauré la Cour des comptes. L'inefficacité de la répression disciplinaire de droit commun et l'impropriété de la répression pénale ont conduit à la rétablir par le décret-loi du 23 octobre 1935, successivement remplacé par la loi du 25 février 1943 (art. 3) et par la loi du 31 décembre 1954 (art. 9). Cette dernière a été étendue aux gestions de fait qui ressortissent aux chambres régionales des comptes par la loi du 10 juillet 1982 (art. 3, deuxième alinéa). Ces dispositions sont à présent reprises au Code des juridictions financières (art. L 131-11, auquel renvoie l'article L 231-11).

A. Délimitation de la juridiction du juge des comptes

1° Délimitation à l'égard du juge répressif

Les lois qui ont institué l'amende pour gestion de fait n'ont pas retiré à celle-ci sa qualification d'usurpation de fonctions publiques (v. ci-avant, sect. 1, B.). Cette amende est une peine de substitution, qui ne peut être infligée qu'autant que les prévenus n'ont pas été poursuivis devant le juge correctionnel (C. jur. fin., art. L 131-11, premier alinéa). La seule poursuite, par laquelle l'autorité judiciaire affirme sa compétence, suffit à exclure l'action répressive du juge des comptes, alors même qu'elle n'aboutit pas à condamnation. En revanche, la poursuite sous une autre inculpation, même suivie de condamnation, ne fait pas obstacle à l'infliction de l'amende pour gestion de fait.

2° Délimitation à l'égard de la Cour de discipline budgétaire et financière

La Cour de discipline budgétaire et financière, instituée par la loi du 25 septembre 1948, à présent reprise au Code des juridictions financières (livre III, titre premier), n'a pas juridiction sur les élus locaux (C. jur. fin., art. L 312-1-II, b. à f., et dernier alinéa), sauf exceptions (même code, art. L 312-2). Sa juridiction disciplinaire spéciale ne s'exerce que sur les fonctionnaires et agents publics, à raison de la violation des règles d'exécution des opérations financières publiques. La gestion de fait, qui est une violation manifeste de ces règles, rend donc ses auteurs justiciables de cette cour.

En pratique, la compétence de la Cour de discipline ne s'exerce que pour inclure dans la même poursuite les auteurs d'infractions connexes dont certains sont comptables de fait et d'autres ne le sont pas. Réciproquement, la compétence du juge des comptes s'exerce seule sur les gestions de fait pures et simples dont les auteurs sont des élus locaux, alors même qu'y auraient participé des fonctionnaires ou agents publics. Les amendes infligées par la Cour de discipline budgétaire et financière sont légalement assimilées à l'amende pour gestion de fait (C. jur. fin., art. L 313-14), ce qui a notamment pour conséquence d'empêcher le cumul entre elles.

B. Infliction de l'amende

1° Faits punissables

Le décret-loi du 23 octobre 1935 réprimait la détention sans habilitation des deniers publics, même sans exécution d'opérations. La loi du 25 février 1943 réprimait au contraire le seul maniement des deniers publics ou des deniers privés réglementés, ce qui, dans la jurisprudence alors dominante (v. ci-avant, chap. II, sect. 1, B., 1°), excluait la simple détention. La loi du 31 décembre 1954, puis le Code des juridictions financières ont évité toute controverse en visant expressément l'un et l'autre. Les agissements constitutifs de gestion de fait sont donc ceux mêmes qui exposent à l'amende.

2° Comptables punissables

Sont passibles de l'amende tous ceux qui ont été déclarés comptables de fait, mais eux seuls : l'essai de discrimination consistant à infliger l'amende sans avoir préalablement déclaré la gestion de fait est resté sans suite.

Les comptables de fait n'étant tels qu'en vertu du jugement définitif de déclaration de gestion de fait, ce n'est qu'à partir de ce jugement qu'ils peuvent être condamnés à l'amende.

3° Procédure

Le juge des comptes agit d'office. Cette règle s'applique notamment à l'infliction de l'amende pour gestion de fait. Les commissaires du Gouvernement près les chambres régionales des comptes sont certes habilités à la requérir, mais ces réquisitions ne sont jamais nécessaires et n'ont lieu d'être que si le juge n'entre pas d'office en voie de condamnation.

L'infliction de l'amende de gestion de fait suit la procédure du double jugement. Si la chambre estime qu'il y a lieu à condamnation, elle la prononce par jugement provisoire. Au vu de la réponse du comptable, elle confirme, modère ou même infirme cette condamnation par jugement définitif. L'acquittement volontaire de l'amende sur notification du jugement provisoire ne dispense pas de confirmer la condamnation par jugement définitif.

La déclaration de gestion de fait est, on vient de le voir, le préalable indispensable à l'infliction de l'amende correspondante. Le montant de celle-ci est, on va le voir, limité à celui des fonds ou valeurs irrégulièrement détenus ou maniés. Les deux procédures étaient donc habituellement conjointes. Cette conjonction subsiste au stade provisoire, mais la loi du 29 janvier 1993 (art. 80-I), à présent reprise au Code des juridictions financières (art. L 231-12), ayant admis le comptable de fait à compléter ses réponses écrites au jugement provisoire par des observations orales présentées à l'audience, et le décret du 23 août 1995 (art. 40) ayant rendu cette audience publique, alors que le jugement du compte ne l'est pas, ces procédures sont désormais dissociées au stade définitif.

À l'audience publique, le rapporteur expose brièvement la procédure jusqu'alors suivie ; le commissaire du Gouvernement, alors même qu'il n'aurait pas requis l'amende, présente ses conclusions ; le comptable de fait, s'il paraît, ou son avocat présente ses observations orales. La chambre délibère ensuite secrètement, mais le jugement est prononcé publiquement.

Lorsque le comptable de fait s'abstient de paraître ou de se faire représenter, à quoi il n'est pas tenu, l'audience, réduite à l'exposé non contredit des conclusions du commissaire du Gouvernement, est néanmoins publique, ce qui suscite la déception de l'assistance. Il aurait été plus judicieux de faire de la demande du comptable de fait de présenter des observations orales complémentaires à l'audience la condition de la publicité de celle-ci.

4° Fixation de l'amende

Le décret-loi du 23 octobre 1935 faisait de l'amende de gestion de fait la sanction du retard à régulariser cette gestion, dont le taux était de 50 F à 500 F par mois de détention irrégulière, sans considération du montant des fonds ou valeurs détenus. La loi du 23 février 1943, puis la loi du 31 décembre 1954 ont au contraire limité le montant de l'amende à celui des fonds ou valeurs irrégulièrement détenus ou maniés, la durée de la détention ou du maniement devant être prise en considération pour la fixation de l'amende effective, mais sans correspondance établie entre l'une et l'autre. La même disposition est à présent reprise au Code des juridictions financières (art. L 131-11, deuxième alinéa, auquel renvoie l'article L 231-11).

La loi ouvrant au juge des comptes la faculté de condamner sans lui en faire l'obligation, il est maître de graduer l'amende en prenant en considération toutes les circonstances. Sont des circonstances aggravantes les fonctions exercées par les comptables de fait, en tant qu'elles supposaient la connaissance et donc la violation délibérée des règles de la comptabilité publique, la gravité des irrégularités commises, l'utilisation des fonds ou valeurs détournés au profit personnel des comptables de fait, la continuation de la gestion de fait après sa découverte et le retard à en rendre compte ou à en reverser le reliquat. Sont au contraire des circonstances atténuantes la situation subordonnée des comptables de fait, même si elle ne les a pas exemptés d'être déclarés tels, l'absence de profit personnel, la promptitude à mettre fin à la gestion de fait, à en rendre compte et à satisfaire aux injonctions et la gravité des punitions disciplinaires ou pénales infligées à raison des mêmes agissements ; la reconnaissance de ces circonstances peut même conduire à la dispense totale de l'amende.

5° Apurement de l'amende

L'amende pour gestion de fait est attribuée à la collectivité locale ou à l'établissement public intéressé (C. jur. fin., art. L 131-12, premier alinéa, auquel renvoie l'article L 231-11). Elle est recouvrée dans les mêmes formes que les débets (même code, même article, même alinéa).

Les comptables de fait condamnés à l'amende doivent s'en être acquittés pour être déchargés et quittés de leur gestion.

VOIES DE RECOURS

7

Les jugements des chambres régionales des comptes, qu'ils statuent sur des gestions de droit ou des gestions de fait, se distinguent, on le sait, en provisoires et définitifs. Cette distinction a sa conséquence sur les recours dont ils sont passibles.

Les jugements provisoires ont pour objet d'ouvrir la discussion contradictoire entre le juge des comptes et ses justiciables sur les charges que le premier prétend imposer aux seconds. C'est donc à ce même juge que doivent être adressées les défenses proposées contre ces charges. Les pourvois portés devant un autre juge seraient prématurés et comme tels irrecevables.

Les jugements définitifs sont au contraire passibles des recours habituels dans la juridiction des comptes : la révision et l'appel ; les arrêts rendus sur appel sont eux-mêmes susceptibles de cassation. En vertu du principe légal d'assimilation des gestions de fait aux gestions de droit, ces voies de recours sont communes aux unes et aux autres.

I. RÉVISION

Les jugements définitifs ont l'autorité de la chose jugée, qui s'oppose notamment à ce qu'ils soient remis en discussion par le juge qui les a rendus. Néanmoins, lorsque ces jugements ont été rendus dans l'ignorance de faits qui sont ultérieurement révélés à ce juge, ils sont susceptibles de révision, c'est-à-dire de rétractation par le juge mieux informé.

La révision des arrêts de la Cour des comptes était autrefois ouverte par la loi du 16 septembre 1807 (art. 14), dont l'application avait été étendue aux arrêtés des conseils de préfecture par le décret du 31 mai 1862 (art. 432 et 433). Elle est à présent ouverte contre les jugements des chambres régionales des comptes par le Code des juridictions financières et le décret du 23 août 1995 (art. 76 et 77), en voie de codification.

Les conditions et formes de la révision diffèrent suivant qu'elle est demandée par les comptables de fait ou qu'elle est requise par les commissaires du Gouvernement ou ordonnée d'office par les chambres.

A. Révision à la demande des comptables de fait

1° Conditions d'ouverture

Les comptables de fait peuvent demander la révision des jugements rendus sur leurs comptes à leur détriment faute par eux d'avoir pu produire des pièces justificatives qu'ils ont depuis lors recouvrées.

Seuls les comptables de fait ou, s'ils sont décédés, leurs héritiers supportent les charges résultant du défaut de production des pièces justificatives et seuls en conséquence ils sont admis à demander la révision des jugements qui les ont imposées.

La loi du 16 septembre 1807 (art. 14) admettait les comptables à demander la révision des seuls arrêts rendus sur leurs comptes, ce qui excluait pour les comptables de fait la possibilité de faire réviser les arrêts qui les avaient déclarés tels. Le décret du 31 mai 1862 avait étendu cette disposition aux arrêtés des conseils de préfecture. La réglementation actuelle la reprend pour les chambres régionales des comptes. Les comptables de fait sont donc irrecevables à demander la révision des jugements qui les ont déclarés tels ; mais ils sont recevables, à l'égal des comptables de droit, à demander la révision des jugements qui ont statué sur les comptes de gestion de fait.

La seule cause de révision est le recouvrement des pièces justificatives dont le défaut avait motivé la condamnation des comptables. Cette ouverture, comme il est de principe pour une voie de recours extraordinaire, est d'interprétation stricte : si les pièces étaient déjà en la possession des comptables de fait avant que les jugements ne fussent rendus et qu'ils ont omis ou ont refusé de les produire, ils ne peuvent réparer leur négligence ou leur réticence en les produisant à l'appui d'un pourvoi en révision ; il en est de même s'ils pouvaient obtenir ces pièces, sauf à eux à établir que des circonstances de force majeure les en auraient empêchés ; si ces pièces n'existaient pas lorsque les jugements ont été rendus et n'ont été faites que par la suite, ces jugements, qui n'auraient pu en tenir compte, ne peuvent être révisés ; enfin, si les nouvelles pièces produites ne révèlent rien qui ne fût déjà connu du juge, il n'y a pas lieu à révision.

Les jugements définitifs rendus par les chambres régionales des comptes sont, on va le voir, susceptibles d'appel à la Cour des comptes. Aussi longtemps que le délai d'appel n'est pas expiré ou, si l'appel a été élevé dans ce délai, aussi longtemps qu'il est pendant, ces jugements ne sont pas susceptibles de révision. Cette précédence de l'appel, voie de recours ordinaire, sur la révision, voie de recours extraordinaire, a été expressément confirmée par la réglementation. À l'autre extrémité, aucun délai n'étant imparti pour la présentation des demandes en révision, elles ne sont soumises qu'à la prescription trentenaire de droit commun.

2° Procédure

Le pourvoi est introduit par une requête exposant les faits, les moyens et les conclusions, appuyée d'une copie du jugement dont la révision est demandée et des pièces justificatives recouvrées sur lesquelles le pourvoi est fondé. Cette requête est adressée au greffier de la chambre régionale des comptes par lettre recommandée avec avis de réception ou déposée au greffe de la chambre régionale contre récépissé.

Le commissaire du Gouvernement est chargé de notifier la requête au représentant légal de la collectivité ou de l'établissement public local intéressé, qui a quinze jours à compter de cette notification pour présenter ses observations. La brièveté inexplicable de ce délai lui permet rarement de le faire. Néanmoins, ces observations, même tardives, resteraient recevables aussi longtemps que le juge n'aurait pas statué.

Les rapports qui traitent des pourvois en révision sont communiqués au commissaire du Gouvernement.

La contradiction préalable ayant été établie par la notification à la partie adverse, la chambre statue par un jugement définitif sur la recevabilité du pourvoi et, si elle l'admet, procède définitivement aussi à la révision elle-même, c'est-à-dire à un nouveau jugement des opérations auxquelles se rapportent les nouvelles justifications produites et à la rectification corrélative de la ligne de compte et de la situation du comptable.

B. Révision à la réquisition du ministère public ou d'office

1° Conditions d'ouverture

Les commissaires du Gouvernement près les chambres régionales des comptes, soit sur la demande des préfets ou des représentants légaux des collectivités et établissements publics locaux intéressés, soit même de leur propre mouvement, peuvent requérir et les chambres peuvent entreprendre d'office la révision des jugements définitifs viciés par des erreurs, omissions, faux ou doubles emplois.

La loi du 16 septembre 1807, dont la disposition avait été étendue aux conseils de préfecture par le décret du 31 mai 1862 (art. 432), limitait la révision aux arrêtés rendus sur les comptes, ce qui excluait celle des arrêtés déclaratifs de gestion de fait ou de condamnation à l'amende ; néanmoins, la Cour admettait, sous la qualification impropre de rectification d'erreur matérielle (v. ci-après), la révision des arrêts de condamnation à l'amende rendus dans l'ignorance du décès des prévenus. La réglementation actuelle admet la révision de tous les jugements définitifs sans distinction d'objet.

Les causes de révision sont celles mêmes qu'admettait autrefois le Code de procédure civile (art. 541) pour la révision des comptes privés. L'erreur, vice le plus général, ne peut porter que sur l'existence ou la consistance des faits, non sur l'interprétation du droit ou la qualification des faits. L'omission affecte les recettes. Le faux ou le double emploi affectent principalement, mais non exclusivement, les dépenses.

La loi du 16 septembre 1807 édictait autrefois que les erreurs, omissions, faux ou doubles emplois qui donnaient ouverture à révision devaient avoir été « reconnus par la vérification d'autres comptes ». La réglementation actuelle ne reprend pas cette restriction. La révision peut donc être requise ou entreprise sur tous éléments nouveaux d'information, quelle qu'en soit la provenance. Il reste que si les erreurs, omissions, faux ou doubles emplois pouvaient être décelés par la vérification des comptes, états et pièces qui avaient été soumis au juge, celui-ci ne peut se faire de sa négligence à les examiner un prétexte de révision, à moins qu'ils ne fussent entachés de simulations ou de dissimulations qui constitueraient des faux ou des omissions.

Lorsque l'erreur a été commise postérieurement à la décision du juge, dans la transcription de cette décision, il n'y a pas lieu à révision, mais à simple rectification de cette erreur.

2° Procédure

Les préfets ou les représentants légaux des collectivités ou établissements publics locaux adressent leurs demandes en révision au commissaire du Gouvernement, qui les transmet à la chambre avec ses réquisitions. Le commissaire du Gouvernement peut aussi requérir la révision de son propre mouvement. Enfin la chambre peut, sur la proposition de ses rapporteurs ou de ses autres membres, l'entreprendre d'office.

Les rapports qui traitent de pourvois en révision sont communiqués au commissaire du Gouvernement.

Si la chambre juge la demande ou le réquisitoire irrecevable ou qu'elle estime qu'il n'y a pas lieu à révision, elle le déclare par un jugement qui, ne faisant que confirmer la situation existante, est immédiatement définitif. Si au contraire elle admet la demande ou le réquisitoire ou si elle procède d'office, elle ordonne la mise en révision par un jugement qui, rendu sans débat contradictoire avec le comptable, alors qu'il remet en question sa situation, ne peut être que provisoire. Ce jugement est donc notifié au comptable, auquel il impartit un délai pour présenter ses objections, et au représentant légal de la collectivité ou de l'établissement public intéressé, qui, s'il n'était pas demandeur, peut, dans le même délai, présenter ses observations. La contradiction préalable ayant été ainsi établie, la chambre, après l'expiration du délai imparti, confirme ou infirme la mise en révision par un jugement définitif et, dans le premier cas, procède, définitivement aussi, à la révision elle-même, c'est-à-dire à un nouveau jugement au fond, dans la limite des faits nouveaux qui lui ont été révélés.

II. APPEL

Les arrêtés des conseils de préfecture statuant comme juges des comptes étaient autrefois passibles d'appel à la Cour des comptes. La loi du 10 juillet 1982, qui a organisé les chambres régionales des comptes, a pareillement soumis leurs jugements définitifs à l'appel. Ses dispositions sont à présent reprises au Code des juridictions financières (art. L 243-1). Elles ont été successivement précisées par le décret du 22 mars 1983 et le décret du 23 août 1995, en voie de codification.

A. Introduction de l'appel

1° Conditions de recevabilité

a. Jugements susceptibles d'appel

Seuls les jugements définitifs ou les dispositions définitives des jugements mixtes sont susceptibles d'appel. L'appel dirigé contre des jugements provisoires ou des dispositions provisoires de jugements mixtes, qui doivent être discuté(e)s devant les juges mêmes qui les ont rendu(e)s, est irrecevable, qu'il s'agisse de la déclaration de gestion de fait ou du jugement du compte. Mais tous les jugements définitifs ou dispositions définitives des jugements mixtes sont susceptibles d'appel, quel qu'en soit l'objet : déclaration de compétence ou d'incompétence, déclaration de gestion de fait ou non-lieu à déclaration, règlement du compte de la gestion de fait, condamnation à l'amende, révision ou non-lieu à révision.

b. Parties admises à appeler

L'appel, suivant un principe général de procédure, n'est ouvert qu'aux parties à la première instance, c'est-à-dire aux comptables de fait ou, s'ils sont décédés, à leurs héritiers, et aux représentants légaux des collectivités locales ou des établissements publics locaux intéressés. Ces représentants légaux sont les présidents des conseils régionaux ou des conseils généraux, les maires ou les présidents ou directeurs des établissements publics, à ce autorisés par délibérations des conseils de ces collectivités ou établissements. Les présidents, maires ou directeurs peuvent introduire seuls un appel conservatoire, pourvu que celui-ci soit ratifié avant que le juge d'appel n'ait statué. Les membres des conseils délibérants, soit collectivement, soit individuellement, sont sans qualité pour appeler. Les contribuables peuvent être autorisés par les tribunaux administratifs à appeler par représentation des communes, mais non des établissements publics communaux ; le défaut d'autorisation rend leur appel irrecevable.

Les conseils de préfecture statuaient autrefois comme juges des comptes sans assistance des commissaires du Gouvernement, lesquels, n'ayant pas été parties en première instance, étaient irrecevables à appeler. Au contraire, les commissaires du Gouvernement près les chambres régionales des comptes, quoiqu'ils ne soient, en règle générale, que parties jointes à la première instance, sont néanmoins admis à appeler ; de plus, en vertu du principe d'unité du ministère public, quel que soit le degré de juridiction, le procureur général près la Cour des comptes a la même faculté. Mais les préfets, qui n'ont pas été parties, même jointes, en première instance, sont irrecevables à appeler

C'est un autre principe général de procédure que l'intérêt à agir est la cause et la mesure de l'action. L'appel est donc refusé aux parties auxquelles les jugements ont profité. Mais un comptable de fait est recevable à appeler du jugement qui l'a déclaré tel, alors même qu'il aurait depuis lors été quitté de sa gestion, car cette déclaration, qui implique le reproche d'irrégularités, lui cause ainsi un dommage moral, indépendamment de la responsabilité pécuniaire personnelle qui en résulte.

L'acquiescement au jugement implique renonciation à la faculté d'en appeler. Ainsi, le comptable de fait déclaré tel par jugement provisoire qui a présenté son compte sans objections ni réserves est irrecevable à appeler du jugement définitif qui a confirmé sa qualité. Mais la présentation du compte après le jugement déclaratoire définitif, qui est exécutoire, n'implique pas renonciation à la faculté d'appeler de ce jugement.

c. Délai d'appel

Le délai d'appel est de deux mois à compter de la notification du jugement.

La notification n'est valable qu'autant qu'elle est faite dans les formes réglementaires. La notification aux maires et adjoints déclarés comptables de fait doit leur être faite personnellement ; si elle est faite à la mairie, elle n'est valable que s'ils l'ont personnellement reçue ; la notification aux communes, leurs parties adverses, doit être faite à leurs suppléants légaux. À défaut de notification régulière ou de preuve de la réception, le délai reste indéfiniment ouvert et l'appel n'est jamais tardif.

La computation du délai se fait suivant les règles de droit commun. Le délai commence à courir du lendemain de la notification du jugement. Il expire à la fin du dernier jour du deuxième mois ; les greffes n'étant pas ouverts en fin de journée, l'appel introduit le lendemain est encore recevable, mais l'appel introduit le surlendemain est tardif. Si le dernier jour du délai tombe un samedi, un dimanche ou un jour férié, le délai est prorogé jusqu'au premier jour ouvrable qui suit.

Lorsque l'appel est élevé par des contribuables communaux, la durée de l'instance en autorisation de plaider n'entre pas dans la computation du délai.

2° Procédure

L'appel est introduit par une requête qui expose les faits, les moyens et les conclusions, à laquelle sont jointes une expédition du jugement dont est appel et les pièces sur lesquelles sont fondées les prétentions de l'appelant. Cette requête est signée par l'appelant lui-même ou par un avocat au Conseil d'État et à la Cour de cassation ; les avocats devant les autres cours et tribunaux ont été habilités par la loi du 31 décembre 1990 (art. 66) à représenter les parties devant les chambres régionales des comptes, et la Cour des comptes a admis que cette habilitation s'étendait à l'instance d'appel, mais à défaut d'inscription de ces avocats à un barreau spécial, qui les ferait connaître du juge, ils doivent être pourvus d'une procuration de l'appelant, afin de prévenir tout désaveu.

La requête est déposée au greffe de la chambre régionale contre récépissé ou adressée au greffier par lettre recommandée avec avis de réception.

Dans les quinze jours de l'enregistrement de la requête, le commissaire du Gouvernement la notifie aux autres parties, par lettre recommandée avec avis de réception ; il en transmet simultanément une copie au procureur général près la Cour des comptes. Ces parties ont un mois à compter de cette notification pour prendre communication au greffe des pièces à l'appui de la requête et présenter leurs défenses ou leurs observations ; dans le même délai, le commissaire du Gouvernement, s'il n'est pas lui-même appelant, peut présenter ses observations écrites. Ces défenses et observations sont notifiées par le commissaire du Gouvernement aux autres parties, qui ont un nouveau délai d'un mois à compter de cette notification pour présenter leurs répliques. Ces répliques sont de même transmises aux autres parties, qui ont un dernier délai de quinze jours pour présenter leurs dupliques. Si de nouvelles pièces sont produites par les parties à l'appui de leurs mémoires, les autres parties ont quinze jours pour en prendre connaissance au greffe.

Les autres parties et le ministère public peuvent aussi, dans le délai de présentation de leurs défenses ou observations, interjeter un appel incident, tendant à des fins opposées à celles de l'appel principal.

Ces délais expirés, la requête, l'expédition du jugement, les pièces produites par l'appelant et les mémoires et pièces produits par les autres parties et les observations du commissaire du Gouvernement sont adressés par ce dernier au procureur général près la Cour des comptes, qui les transmet à celle-ci avec ses réquisitions.

L'appelant peut se désister, mais la juridiction du juge des comptes étant d'ordre public, ce désistement doit être accepté par le juge d'appel, qui s'assure qu'il n'est pas soumis à des conditions dont la réalisation serait encore éventuelle, ce qui le priverait d'effet actuel.

En cas de désistement d'une commune, ses contribuables peuvent être autorisés à reprendre l'instance à sa place.

B. Effets de l'appel

1° Absence d'effet suspensif

Les jugements définitifs des chambres régionales des comptes restent exécutoires nonobstant l'appel. Les seules condamnations que puissent comporter ces jugements étant pécuniaires, si elles sont infirmées en appel, il sera toujours possible de restituer les sommes indûment versées.

Toutefois, la Cour des comptes, sur la demande de l'appelant ou même d'office, peut ordonner qu'il soit sursis à l'exécution jusqu'à ce qu'elle ait statué sur l'appel.

À défaut de disposition réglementaire fixant les conditions du sursis, la jurisprudence a posé en principe qu'il n'est consenti que si l'appel est recevable et si l'exécution du jugement dont est appel devait causer à l'appelant un dommage qui ne pourrait être réparé en cas de succès de son appel. Ainsi, un jugement déclaratif de gestion de fait, qui n'emporte en soi que l'obligation de rendre compte, ne peut être frappé de sursis ; mais si le comptable de fait est élu local et que la durée prévisible de la procédure, pendant laquelle les délais continuent à courir contre lui, l'expose à se voir déchu d'office et même rendu inéligible (v. ci-avant, chap. V, sect. 1), le dommage qu'il subit, qui ne pourrait être réparé s'il obtenait gain de cause après sa déchéance ou après l'élection à laquelle il a été empêché de se présenter, justifie l'octroi du sursis. Un jugement de débet peut être frappé de sursis si le montant du débet excède les disponibilités financières de l'appelant, en sorte que le recouvrement nécessiterait la vente volontaire ou forcée de ses biens meubles ou immeubles. Enfin, l'amende de gestion de fait étant alternative d'une amende correctionnelle, cette considération justifie le sursis à l'exécution de la condamnation.

Lorsque le jugement dont est appel concerne plusieurs comptables solidaires, le sursis consenti à l'un quelconque d'entre eux profite nécessairement aux autres, alors même qu'ils ne seraient pas appelants.

2° Effet dévolutif

L'effet dévolutif, qui est de l'essence même de l'appel, consiste en ce que le juge d'appel est saisi de l'affaire dont est appel et corrélativement, que le juge de première instance en est dessaisi, ce qui notamment l'empêche, pendant l'instance d'appel, de réviser son jugement (v. ci-avant, sect. 1).

L'effet dévolutif de l'appel a lieu à l'égard tant de l'objet de l'affaire que des parties à l'instance.

Le juge d'appel ne peut connaître que de ce qui a déjà été soumis au juge de première instance et dont il a été appelé. Les charges nouvelles, qui n'avaient pas été discutées par les premiers juges, ne peuvent donc être examinées en appel : au contraire, les moyens nouveaux sont recevables et même, comme on le verra (ci-après, C., 1°), peuvent être relevés d'office par le juge d'appel. Les jugements ou dispositions dont il n'a pas été appelé ne peuvent être examiné(e)s par le juge d'appel, sauf s'il y a connexité avec ceux ou celles dont il a été appelé, en ce sens que l'annulation ou l'infirmation de ceux ou celles-ci réagirait nécessairement sur ceux ou celles-là.

L'appel n'a d'effets qu'entre les parties à l'instance, c'est-à-dire entre les appelants et leurs parties adverses, les appelés, ou intimés. La situation des parties non appelantes ni appelées ne peut être affectée par l'appel, sauf si elles sont en état de solidarité avec les appelants ou les appelés : c'est notamment le cas dans les gestions de fait collectives, où l'appel élevé pour ou contre l'un des comptables de fait solidaires a effets à l'égard des autres, même non appelants ni appelés ; c'est pourquoi la requête en appel est notifiée à toutes les autres parties. Le ministère public, alors même qu'il n'est pas appelant, est toujours en cause, comme partie jointe.

C. Fonctions du juge d'appel

1° Examen de la régularité du jugement dont est appel

Le jugement des comptes de deniers publics étant d'ordre public, tous les vices qui l'affectent doivent être, alors même que l'appelant ne les aurait pas objectés, relevés d'office par le juge d'appel, en tout état de cause.

Lorsque de tels vices sont constatés, la Cour des comptes annule le jugement définitif dont est appel et même, si ces vices remontent au jugement provisoire qui l'a précédé, ce jugement provisoire.

Après annulation, la Cour peut soit renvoyer l'affaire aux premiers juges, pour qu'ils la reprennent à partir du dernier acte non annulé, soit, si l'affaire est en état d'examen, l'évoquer pour y statuer elle-même en première et dernière instance, à partir du dernier acte non annulé.

2° Examen du fond

La Cour connaît, dans la limite de l'appel, du fond de l'affaire, en fait et en droit, non seulement au vu des éléments d'information dont les premiers juges avaient connaissance, mais encore au vu de ceux qui ont été produits à l'appui de l'appel ou qu'elle-même a recueillis pendant l'instance d'appel. Dans ce dernier cas, si des faits nouveaux ressortent de documents dont les parties n'ont pas eu connaissance et qu'elles n'ont donc pas pu discuter par l'échange des mémoires (v. ci-avant), cette discussion est ouverte par un arrêt provisoire suivi, après réponses des parties intéressées, de l'arrêt définitif.

Si tous les moyens avancés par l'appelant sont infondés en fait ou en droit ou s'ils sont inopérants, c'est-à-dire sans conséquence sur la solution de l'affaire, l'appel est rejeté et le jugement confirmé. Si le sursis à l'exécution de ce jugement avait été consenti, il est révoqué et ce jugement reprend son plein et entier effet.

Si au contraire l'un ou plusieurs des moyens avancés par l'appelant est ou sont admis, le jugement est infirmé en tout ou partie. Néanmoins, même en ce cas, la Cour peut substituer aux moyens qui avaient été retenus par les premiers juges des moyens nouveaux pour justifier des dispositions qu'elle estime fondées.

Lorsque les omissions ou irrégularités relevées en première instance ont été réparées pendant l'instance d'appel, la Cour, tout en reconnaissant que les premiers juges ont statué à bon droit dans l'état de leur information, doit pourtant, au vu des régularisations opérées, infirmer leur jugement.

III. CASSATION

La Cour des comptes, juge d'appel des jugements rendus par les chambres régionales des comptes, est elle-même placée sous le contrôle du Conseil d'État, en qualité de juge de cassation. Ce contrôle, établi par la loi du 16 septembre 1807 (art. 17), est confirmé par le décret du 11 février 1985 (art. 34), en voie de codification.

Sont seuls susceptibles de pourvoi les arrêts définitifs ou les dispositions définitives des arrêts mixtes, à l'exclusion des arrêts ou dispositions provisoires ; mais ils ou elles le sont tou(te)s, quel qu'en soit l'objet : déclaration de gestion de fait, jugement du compte de cette gestion, condamnation à l'amende.

Sont admis à se pourvoir les comptables de fait ou leurs héritiers, les ministres, alors même qu'il ne s'agirait pas de la gestion des deniers de l'État, et les représentants légaux des collectivités ou établissements publics intéressés.

Le délai pour se pourvoir est de deux mois à compter de la notification de l'arrêt attaqué. Il n'est pas opposable aux ministres agissant pour le seul respect de la loi, mais leur pourvoi est alors sans effets sur la situation des parties.

Le pourvoi est introduit par une requête qui doit être présentée par un avocat au Conseil d'État. Les recours des ministres sont dispensés de cet intermédiaire.

Les moyens de cassation sont l'incompétence, le vice de forme ou la violation de la loi. L'incompétence s'entend aussi de la déclination injustifiée de compétence. Le vice de forme s'étend aux irrégularités de procédure commises en première instance qui n'auraient pas été sanctionnées par le juge d'appel. La violation de la loi inclut son interprétation contraire à celle du juge de cassation et la violation de la chose jugée. La constatation et l'évaluation des faits ne peuvent être remises en question devant le juge de cassation, mais seulement leur qualification juridique.

Le pourvoi est instruit et jugé suivant la procédure ordinaire en matière administrative contentieuse.

En cas de cassation, l'affaire est renvoyée devant la Cour des comptes, siégeant en chambres réunies. Le juge de renvoi est tenu de respecter l'interprétation de la loi par le juge de cassation, mais l'examen de l'affaire étant repris dans l'état où elle se trouvait avant l'arrêt cassé, il peut, sans méconnaître l'autorité de la chose jugée, se fonder sur des moyens nouveaux, de droit ou de fait, pour justifier son nouvel arrêt.

La cassation, voie extraordinaire en droit, est aussi exceptionnelle en fait. Sur trente-quatre pourvois portant sur des gestions de fait introduits de 1837 à 1998, vingt-cinq ont été rejetés, huit ont abouti ; le dernier, devenu sans objet, a été rayé du rôle.

BIBLIOGRAPHIE

L'ouvrage fondamental et jusqu'à présent irremplacé sur les gestions de fait est le traité de P. MARQUÈS DI BRAGA et C. LYON, *De la comptabilité de fait*, Paris, Dupont, 1890-92, 6 vol., extrait du *Répertoire de droit administratif* de BÉQUET. On prendra seulement garde que la législation et la réglementation ont évolué depuis un siècle, non seulement en ce qui concerne proprement la comptabilité de fait, mais aussi son environnement, constitué par la comptabilité publique ; il convient donc de s'assurer que les fondements des divers développements de l'étude sont toujours valables.

L'état actuel du droit se trouve dans J. MAGNET, *Les gestions de fait*, L.G.D.J., coll. Systèmes, dont le présent ouvrage n'est qu'un abrégé à l'usage des élus et agents locaux.

La jurisprudence de la Cour des comptes et des chambres régionales des comptes est régulièrement publiée, notamment par la *Revue du Trésor* et le *Mémorial des percepteurs*, et commentée dans des chroniques annuelles, notamment celle qui est tenue à la *Revue française de finances publiques*. Une sélection des arrêts et jugements est publiée chaque année par la Cour des comptes.

Composition et mise en pages
par Laser Graphie
42000 Saint-Etienne

Achevé d'imprimer en février 2000
sur les presses de la Nouvelle Imprimerie Laballery
58500 Clamecy

Dépôt légal : février 2000
N° d'impression : 001085

N° Editeur : 3334